Não esqueça o melhor

INSPIRAÇÕES PARA CADA DIA DO ANO

Coleção Viver melhor:
Amadurecimento espiritual e humano na vida religiosa –
Anselm Grün e Christiane Sartorius
Bem-aventuranças: caminho para uma vida feliz –
Anselm Grün
Jejuar: corpo e alma em oração – Anselm Grün
Não esqueça o melhor: inspirações para cada dia do ano –
Anselm Grün
No ritmo dos monges – Anselm Grün
Sobre o prazer na vida – Anselm Grün

Anselm Grün

Não esqueça o melhor
INSPIRAÇÕES PARA CADA DIA DO ANO

Textos selecionados por
Anton Lichtenauer

Dados Internacionais de Catalogação na Publicação (CIP)
(Câmara Brasileira do Livro, SP, Brasil)

Grün, Anselm
    Não esqueça o melhor: inspirações para cada dia do ano / Anselm Grün ; [tradução Monika Ottermann]; seleção de textos Anton Lichtenauer. – São Paulo : Paulinas, 2008. – (Coleção viver melhor)

   Título original: Vergiss das Beste nicht.
   Bibliografia.
   ISBN 978-85-356-2023-8
   ISBN 3-4511-04864-7 (ed. original)

   1. Conduta de vida 2. Realização pessoal 3. Refexão 4. Sonhos I. Lichtenauer, Anton. II. Título. III. Série.

07-4077   CDD-248.4

Índice para catálogo sistemático:

1. Conduta de vida : Mensagens : Reflexões : Vida cristã   248.4

Título original: *Vergiss das Beste nicht* : Inspiration für jeden Tag
© Verlag Herder Freiburg, Freiburg im Breisgau, 8. ed., 2004.

1ª edição – 2008
4ª reimpressão – 2017

Direção-geral: *Flávia Reginatto*
Editora responsável: *Luzia Sena*
Assistente de edição: *Andréia Schweitzer*
Tradução: *Monika Ottermann*
Copidesque: *Rosa Maria Aires da Cunha*
Coordenação de revisão: *Marina Mendonça*
Revisão: *Marcia Nunes e Anoar Jarbas Provenzi*
Direção de arte: *Irma Cipriani*
Gerente de produção: *Felício Calegaro Neto*
Capa: *Manuel Rebelato Miramontes*
Editoração eletrônica: *Sandra Regina Santana*

Nenhuma parte desta obra poderá ser reproduzida ou transmitida por qualquer forma e/ou quaisquer meios (eletrônico ou mecânico, incluindo fotocópia e gravação) ou arquivada em qualquer sistema ou banco de dados sem permissão escrita da Editora. Direitos reservados.

Paulinas

Rua Dona Inácia Uchoa, 62
04110-020 – São Paulo – SP (Brasil)
Tel.: (11) 2125-3500
http://www.paulinas.org.br – editora@paulinas.com.br
Telemarketing e SAC: 0800-7010081

© Pia Sociedade Filhas de São Paulo – São Paulo, 2008

Sumário

Prefácio 7

JANEIRO
A fascinação do novo.. 11

FEVEREIRO
Escutar os implusos internos............................... 31

MARÇO
Caminhos para a tranqüilidade 49

ABRIL
A dualidade da vida..75

MAIO
Compartilhar para crescer 99

JUNHO
Descobrir a integridade interior 119

JULHO
É preciso desacelerar!... 141

AGOSTO
Abrir os olhos para as pequenas surpresas
da vida 165

SETEMBRO
Olhar a vida com gratidão................................. 189

Outubro
A tensão saudável 211

Novembro
Pensar na morte para viver plenamente 237

Dezembro
A esperança nos torna interiormente livres 259

Bibliografia 283

Crédito dos textos 286

Prefácio

Muitos contos de fada não só narram como lidamos com nossos desejos, mas também contam que muita gente nem sabe bem o que seria "bom" e desejável para sua vida. Por exemplo, um agricultor, cujos três desejos podem ser realizados por uma fada madrinha, deseja primeiro que pare de chover para o tempo ficar melhor. Sem chuva, as plantas param de crescer; com isso, seu segundo desejo é: deve chover apenas à noite. E quando o vigia noturno se queixa, usa seu último desejo para pedir que tudo fique como era antes. Anselm Grün reconta esse antigo conto de fadas e o toma como ponto de partida para nos formular perguntas bem concretas: "O que desejamos verdadeiramente? De que precisamos? O que buscamos? O que desejamos, o que queremos ganhar?".

Anseios e sonhos são um motor em nossa vida. No entanto, às vezes ficamos presos no círculo de desejos ambíguos e, por trás das metas alcançadas, aparecem outras: a esperança da felicidade definitiva se desloca junto com o nosso caminhar, como o horizonte. Desejos podem nos dar a liberdade de partirmos de novo, de não ficarmos parados. E a vontade é o princípio de toda transformação. Mas a fixação de metas pode também paralisar. Muitas coisas nos são apresentadas como desejáveis e podemos nos perder no labirinto de nossos desejos.

No fim de um dia, de um ano, costumamos perguntar: "Conseguimos o que desejávamos? Acertamos nas coisas que fizemos?". De fato, trata-se sempre disto: verificar se o rumo ainda está certo. Perguntar se a correria diária ainda está em sintonia com as nossas mais profundas motivações, se não estamos sendo divididos entre aquilo que queremos fazer da nossa vida e aquilo que outras pessoas esperam de nós.

Hoje em dia, temos a impressão de haver pouco tempo, porque as possibilidades se multiplicam de maneira estonteante, porque o redemoinho de alternativas se acelera sempre mais. Não conseguimos resolver esse problema somente com uma estratégia para administrar o tempo. Precisamos também de tempo para a alma. Para saber o que queremos verdadeiramente e onde estamos neste momento da nossa vida, precisamos de intervalos de tempo para nos desligarmos da rotina agitada. Devemos parar e verificar se as coisas urgentes são realmente as essenciais, se aquilo que queremos alcançar com nossa correria realmente é o que desejamos.

"Não esqueça o melhor!" Este livro oferece a possibilidade de tornar tais paradas um ritual diário. São textos que podem ser lidos à noite para tentarmos escutar se as melodias do dia estão em sintonia com aquilo que nos é destinado como melodia de vida. Ou de manhã, para colocarmos o que vem ao nosso encontro sob determinada luz, na qual possamos novamente enxergar e discernir.

Anselm Grün redescobriu o método da objeção praticado pelos antigos monges. "Objeção" quer dizer aqui contrapor algo diferente, algo positivo àquilo que nos assalta, que procura ganhar poder sobre nós. Manter viva a memória do valor último e absoluto que temos, quando conseguimos enxergá-lo à luz verdadeira — contra a força que fica sugando nossas forças e apenas instrumentaliza nossa vida. Um novo olhar é capaz de transformar o dia-a-dia, ampliar nosso espaço de ação, nos fazer experimentar milagres.

Era essa, em última análise, a mensagem do conto dos três desejos: quem sempre se prende apenas ao imediato fica preso no emaranhado das coisas e não consegue prosseguir. Mas tudo poderá mudar se lembrarmos a cada dia destas perguntas: "O que desejo verdadeiramente? De que preciso? O que busco? O que desejo, o que quero ganhar?".

A leitura diária de um breve texto nos faz lembrar de respostas vindas da sabedoria da vida, que tem uma longa tradição. Permitir que isso inspire nossa vida, experimentá-lo, dia após dia, é uma das melhores coisas que podemos fazer para nós mesmos.

Anton Lichtenauer

A fascinação do novo

1º

Quando celebramos o Ano-Novo, sentimos algo da fascinação do novo, do original, do intocado. O novo tem seu próprio brilho. Usar um vestido novo significa também sentir-se nova, sentir-se mais bela do que com a roupa velha. Isso sempre está impregnado pela esperança de ser uma nova pessoa, comportar-se de modo novo, já não ser mais identificada com o papel antigo. O novo visual nos encoraja a experimentar novas possibilidades, a nos comportar diante dos outros de maneira nova, a encontrar novas palavras, novos gestos, novas reações, a tomar novos caminhos. Na festa do Ano-Novo, esperamos que não apenas nossas roupas e nossos papéis sejam novos, mas também o ano todo. Esperamos um novo começo.

2

No início de um ano, de uma semana ou de um dia muitas pessoas traçam objetivos. Entusiasmadas com a leitura de um livro, querem mudar sua vida imediatamente. Ou participaram de uma palestra sobre como lidar melhor com o tempo ou como aprender a partir dos erros. Põem mãos à obra, cheias de entusiasmo. Mas, após pouco tempo, esse entusiasmo diminui. A atividade torna-se cansativa, e elas desistem. De repente, já não há graça em suas ações, pois sabem que não vão adiantar para nada. Já sabem que não vão progredir nunca. Mas, ao desistir de um propósito, o ser humano desiste de um pedacinho de si mesmo. Perde a autoconfiança. Fica resignado. O abade Poimen disse a um jovem monge que estava dominado por esses pensamentos de resignação: "Que sentido há em dedicar-se a um ofício e não aprendê-lo?". Aprenda o ofício de se tornar um ser humano e pare de se lamentar!

3

A palavra alemã *beginnen* (começar, iniciar) significa originalmente "roçar". Começar é penoso. Sua vida parece uma terra cheia de espinhos e pedras, infestada de mato, caótica, hostil. Quando você quer roçar essa vida, precisa primeiro demarcar uma área. Não pode roçar toda a terra de sua vida em um único ano. Decida qual é o pedaço que você quer roçar neste ano.

4

O caminho largo é aquele que todas as pessoas fazem. Você precisa encontrar seu caminho pessoal, único. Não é suficiente orientar-se pelas outras pessoas. É fundamental descobrir qual é o seu caminho. Depois, com coragem, assuma-o, mesmo que você se sinta solitário nele. Somente seu caminho pessoal e único vai levá-lo ao crescimento e conduzi-lo para a vida verdadeira.

5

Quais são os pensamentos que nos marcam, nas profundezas de nosso coração? Quais são nossos anseios mais profundos? O que quero anunciar com minha vida? ... Cada pessoa tem uma missão profética que somente ela mesma pode cumprir. Quando nos perguntamos pelas marcas que queremos imprimir neste mundo, entramos em contato com a imagem única e genuína que Deus fez de nós.

6

Quando o Menino Jesus nasceu, os Magos do Oriente se puseram a caminho para adorá-lo. Também eles seguiram sonhos. Mas vincularam seus sonhos à ciência das estrelas e ao seu conhecimento histórico. Assim chegaram ao seu destino. A estrela mostrou-lhes o caminho, e em Jerusalém eles perguntam pelo Menino. Quando o encontraram, caíram de joelhos e o adoraram. Em sonho, Deus lhes disse que deviam voltar por outro caminho. Eles lhe obedeceram, do mesmo modo como José, que, também em sonho, viu um anjo que o mandou fugir para o Egito. E, novamente obedecendo a um sonho, José voltou, depois, para Israel. Desse modo, o nascimento de Jesus foi cercado de sonhos. Em sonho, José reconheceu o mistério de Maria e o mistério do Menino divino. E o sonho lhe indicou o caminho que devia seguir obedientemente. Portanto, sonhos obrigam. Estendem seus efeitos para dentro da realidade da vida.

7

Os três Reis Magos partiram juntos. Estavam comprometidos entre si. Não permitiram que os oficiais descobrissem seu caminho; eles escutaram e seguiram a voz de seu coração. Em seu coração, viram uma estrela, a estrela de seus anseios. Puseram-se a caminho de seus anseios. Foi uma jornada demorada. Eles ficaram cansados, mas continuaram porque confiaram nos anseios de seu coração. E chegaram ao seu destino. A estrela mostrou-lhes o caminho. Mas foi necessário também conversar com Herodes e com os doutores da lei, para conhecer melhor o destino. Precisamos não só escutar o nosso próprio coração, mas também ter conversas que nos aconselham, para identificarmos melhor, entre outras vozes, a voz do nosso próprio coração.

8

Escute seus sonhos! Sonhos não podem ser manipulados, são um presente de Deus. Quando Deus se silencia também nos sonhos, ficamos sem orientação. Nossas convicções mais fundamentais, as que nos sustentam, não nascem de reflexões racionais;

têm raízes mais profundas. Uma dessas raízes é o sonho, que nos dá uma certeza interior daquilo que é coerente para nós. Escutar os sonhos não tem nada a ver com superstição; é uma forma do temor a Deus. Damos atenção aos nossos sonhos porque contamos com Deus, que nos fala neles. E ficamos felizes quando ele nos diz, continuamente, nos sonhos, quais os passos que devemos dar em determinado momento. As imagens dos sonhos nos indicam o rumo que devemos dar a nossos passos.

9

A estrela que brilha no firmamento de seu coração é uma imagem do anseio que o impele. Confie em seu anseio, siga-o até a margem mais extrema.

10

Cada partida, cada desabrochar dá medo, num primeiro momento, pois precisamos eliminar coisas antigas, familiares. Enquanto estou nesse processo, ainda não sei o que me espera. O desconhecido gera, dentro de mim, uma espécie de medo. Ao mesmo tempo, o partir, o desabrochar, abriga uma promessa de algo novo, que nunca existiu, que nunca se viu. Quem não parte, não desabrocha, e fica com a vida paralisada. O que não se transforma, fica velho e mofado. Novas possibilidades de vida querem desabrochar em nós.

11

Precisamos nascer de novo, constantemente, durante a nossa existência, para que nossa vida fique viva. Uma crise que despedaçou tudo que construímos até então pode ser a chance de um novo nascimento. O fogo pelo qual passamos pode ser uma imagem para o novo que quer nascer dentro de nós.

12

Precisamos nos despedir, muitas vezes, não apenas de pessoas. Mas também de hábitos, de fases da vida, de padrões de vida. Quem nunca se despediu de sua infância sempre terá desejos infantis em relação a tudo que o cerca. Quem nunca se despediu de sua puberdade ficará preso nas ilusões que inventou em relação à vida. É fundamental nos despedir de nossa juventude quando nos tornamos adultos; de nossa vida de solteiro, quando queremos casar; de nossa profissão, quando nos tornamos idosos.

13

Precisamos nos desprender constantemente do nosso passado para nos abrirmos ao futuro. Quem fica eternamente preso em sua infância nunca se torna adulto. Como diz o dito popular, nunca larga a barra da saia da mãe. Desprender-se do passado significa desatar-se de atitudes interiores. Não posso me agarrar eternamente a pessoas, nem aos meus pais, nem aos colegas de colégio ou amigos. Não posso me prender a lugares, ao lar, aos locais que se tornaram familiares. Continuamente preciso me desprender de coisas habituais e familiares para poder ficar aberto a coisas novas.

14

Quanto mais brigo com minhas incoerências, tanto menos consigo resolvê-las. Por outro lado, quando enfrento minha ambigüidade interior, desperto uma força contrária tão poderosa, que não consigo lidar com ela.

Sei disso por experiência própria. Muitas vezes me veio este pensamento: algum dia superarei todos os meus erros. Eu sempre ficava chateado quando recaía neles. Depois de cada recaída, eu tomava o bom propósito de ser ainda mais conseqüente e prever ainda mais cuidadosamente quando poderia correr o risco de repetir aquele erro. É verdade que isso teve certo resultado, que muita coisa melhorou. Mas, mesmo assim, eu sempre caía naquela velha armadilha. E toda a chateação comigo mesmo recomeçava. Eu me culpava e me rejeitava, mas isso apenas piorava a ambigüidade. Somente quando ofereci a Deus minha impotência de superar a ambigüidade por força própria, senti, de repente, uma profunda paz.

15

Não poderemos reconhecer a nós mesmos se não nos amarmos. Somente o amor permite o mergulho profundo em nós mesmos e o reconhecimento de quem somos de verdade. Amar-se não significa girar em torno de si mesmo.

16

Muita gente acredita que o mais importante é não chamar a atenção, nem cometer nenhum erro. Assim, a carreira profissional não corre perigo, a pessoa não se torna alvo da crítica do grupo nem precisa renunciar à sua posição. Assim, a vida dará certo. No entanto, na verdade, essa atitude inimiga do risco impede a vida. Quem não quer cometer nenhum erro, de modo algum, faz tudo errado, pois nem ousa nada, não assume nenhum risco. Assim, também não pode brotar nada de novo nela.

17

Na pessoa humana, há um anseio primevo de um dia assentar-se no aconchego e acomodar-se para sempre em um lar. Quando a pessoa gosta de um lugar, quer armar sua tenda e ficar ali para sempre. Mas, ao mesmo tempo, sabe que, neste mundo, não é possível acomodar-se para sempre. É sempre preciso se pôr a caminho. É sempre preciso partir. É sempre preciso levantar os acampamentos e avançar no caminho. Toda partida pressupõe um rompimento.

É preciso romper com as coisas antigas. Não posso continuar sempre do mesmo jeito. Não posso ficar para sempre onde estou neste momento.

18

O ser humano precisa renunciar a muito para que algo bom possa acontecer. Precisa renunciar não só a coisas más, presunçosas, auto-suficientes, mas também a boas que freiem o progresso. Pois algo bom pode ser o inimigo do melhor e pode me impedir de avançar no meu caminho rumo a Deus.

19

Segundo o ditado popular, "De boas intenções o inferno está cheio". Quando você tem uma boa intenção, mas não a realiza, está preparando o inferno, já, aqui e agora para você mesmo. Então sua vida se torna uma fogueira de auto-acusações e auto-incriminações que o consome. Sem persistência duradoura, sua vida não prossegue.

Duradouro vem do latim *durare*: escolher, permanecer, ter firmeza, estender-se. Se você enfrenta o trabalho sem persistência duradoura, nunca terá uma posição firme. Você viverá esvoaçando como um beija-flor. Mas nada poderá crescer e se firmar. Para isso, é preciso criar raízes.

20

Primeiro, você deve estabelecer metas realistas e parar de ter quaisquer ilusões. Você deve enxergar o que pode realmente mudar e o que é simplesmente de seu caráter, com o qual deve fazer as pazes. Mas quando você se propõe a mudar algo em você, é preciso ser firme. Se não der certo, pergunte-se se começou pelo ponto errado ou se assumiu algo além de suas possibilidades. Nesse caso, estabeleça, por enquanto, metas mais modestas. Mas você terá de ficar firme. E verá a recompensa de sua persistência.

21

Quando temos uma boa intenção, muitas vezes isso serve apenas como desculpa para não precisarmos mudar nada em nossa vida. Nós nos propomos a enfrentar uma dificuldade, a dar um passo para frente. Mas, na verdade, ficamos parados. As boas intenções tranqüilizam nossa consciência, mas não resultam em nada. Um confrade me disse que elas são o meio mais seguro para nos impedir de realizar algo em nossa vida. Pois uma intenção sempre estará na minha frente, estará sempre orientada para o futuro e não resolverá o presente. Eu me esquivo do desafio do momento presente, refugiando-me num futuro sem compromisso. Em vez de termos boas intenções, deveríamos praticar coisas absolutamente simples.

22

Cada pessoa é responsável pelo clima que cria em torno de si. Isso começa pelos pensamentos. Precisamos verificar em que ponto nosso pensamento nos leva a agir segundo algum preconceito. Nosso pensamento se manifestará em nosso falar e agir. É por isso que a reconciliação começa por ele.

23

Aprenda a arte de *ser,* de viver intensamente. Experimente andar mais devagar, conscientemente, quando, no escritório, você for de uma sala para a outra. Tente sentir cada passo e perceba como seu pé toca o chão e volta a se afastar dele. Pegue sua xícara devagar e conscientemente. À noite, tire sua roupa devagar. Você perceberá como tudo se torna símbolo – junto com a roupa, você tira todas as fadigas do dia.

24

Estar atento tem a ver com despertar. Quem está atento à própria respiração, quem dirige os próprios passos com atenção, quem pega a colher atentamente, quem está inteiramente ligado com o que está fazendo no instante, vai despertar. A atenção quer nos colocar em contato com as coisas, com as pessoas. Certa vez, perguntaram a um monge zen qual era sua prática de meditação. Ele respondeu: "Quando estou comendo, estou comendo. Quando estou sentado, estou sentado. Quando estou de pé, estou de pé. Quando estou andando, estou andando". Disse-lhe a pessoa que lhe fez a pergunta: "Mas isso não tem nada de especial. Todo mundo faz isso!". Então o monge respondeu: "Não; quando você está sentado, você já está de pé. E quando está de pé, já está caminhando".

25

A aprendizagem da tradição espiritual é esta: na casa de sua alma, cada ser humano precisa de recintos de proteção particular e de compenetração criativa. Neles há anjos que moram com ele e o introduzem na leveza da existência, na ternura e no prazer da vida. Os anjos dão asas à sua alma. Dão ao seu espírito as asas da fantasia, para o ser humano poder levantar vôo da banalidade das coisas superficiais e para o céu poder se abrir sobre o vazio do seu deserto. Os anjos nos fazem sentir, de maneira especial, que estamos protegidos e abrigados, nunca abandonados.

26

Ficar atento a tudo que faço confere um toque de ternura à minha vida. Assim, estou inteiramente presente, inteiramente comigo mesmo e com o que me cerca. Mas essa atitude não nos é dada, simplesmente. Precisa ser praticada diariamente.

27

Fique atento aos seus anjos. Eles são mensageiros de Deus. Anunciam aos seres humanos a Palavra de Deus. Indicam-lhes a presença auxiliadora e curadora de Deus. Atuam na vida das pessoas, protegem-nas contra perigos, guardam-nas em seus caminhos e falam-lhes em seus sonhos. Anjos são mensageiros de uma realidade diferente, mais profunda. São imagens de nosso anseio por aconchego e pertença, leveza e alegria, vivacidade e amor. Eles conectam o céu à terra. Abrem o céu para nós e conferem à nossa vida um brilho celeste.

28

Os anjos querem evocar em nós algo que esquecemos ou negligenciamos na correria do dia-a-dia. É bom imaginar que, neste ano, me acompanha o anjo da fidelidade ou o anjo da ternura, enviado por Deus para me introduzir no segredo da fidelidade ou da ternura.

Os anjos são nossas companheiros, mensageiros da esperança de que não estamos vivendo sem rumo, de que podemos chegar ao destino de nossa vida.

29

Por isso, os anjos vêm a nós em trajes diferentes. Por dominar a arte da transformação, convertem-se em uma pessoa que nos acompanha em nossa trejatória. Transformam-se num médico que cura nossas feridas, num terapeuta que nos tira do emaranhado de nossas neuroses, num sacerdote que nos liberta das nossas auto-acusações de culpa. Às vezes, é seu amigo ou sua amiga que lhe diz uma palavra que lhe faz tudo surgir sob uma nova luz. Às vezes, é uma criança que olha para você e lhe mostra quão insignificantes são os problemas que o atormentam.

Os anjos são artistas da transformação. E querem introduzir você no segredo de sua própria transformação.

30

Tudo que está dentro de você tem seu próprio sentido, mas precisa também de transformação. Seu medo é bom. Muitas vezes, o medo lhe mostra que você tem um conceito errado de sua vida. Talvez você acredite que deva fazer tudo perfeitamente, sem cometer erro algum. Nesse caso, o medo lhe mostra que você prejudica a si mesmo com tal atitude de vida e o convida a escolher um caminho mais humano para seguir. Também sua raiva é boa. Quando você a aceita, a examina e procura o motivo profundo dela, então ela pode se transformar em nova vivacidade. Talvez sua raiva possa lhe mostrar que, até agora, você sempre fez o que as outras pessoas queriam. Agora, você finalmente deseja fazer o que você mesmo quer. Assim, sua raiva pode se transformar em nova energia de vida.

Os contos de fada sabem do segredo da transformação. Neles, seres humanos se transformam em animais, e animais, em seres humanos. Neles, tudo pode ser modificado. Isso lhe mostra que você não precisa se assustar com nada. Também, em você, tudo pode ser transformado.

31

O anjo do risco quer fortalecer sua coluna e manter suas costas livres, para que você arrisque e confie nos seus impulsos mais íntimos, sem estabelecer mil medidas de segurança em torno de si. O mundo lhe será grato quando você se arriscar por algo sem pedir primeiro a licença do mundo todo para transformar suas idéias em atos.

Escutar os impulsos internos

1º

Não é natural e automático que nossa vida dê certo. Às vezes estamos com um bloqueio que não nos permite perceber que estamos vivendo longe de nossa verdade.

Não é suficiente cumprirmos apenas os mandamentos; precisamos nos preocupar em viver a nossa vida nós mesmos. "Entrai pela porta estreita! Pois larga é a porta e espaçoso o caminho que leva à perdição, e muitos são os que entram! Como é estreita a porta e apertado o caminho que leva à vida, e poucos são os que o encontram" (Mt 7,13-14).

Tornar-se humano significa preocupar-se em viver a própria vida. Isso exige não somente um profundo olhar para tudo que se formou em mim, para a história de minha vida, para minhas inclinações, mas também exige um escutar atentamente os impulsos internos nos quais Deus me mostra o que espera de mim e como minha vida pode desabrochar.

2

Somente quando percebemos a realidade como é verdadeiramente, podemos lidar bem com ela e viver neste mundo como pessoas livres. Então o mundo não tem poder sobre nós. Construímos muitas ilusões acerca do mundo, porque, no fundo do nosso coração, temos medo dele, medo de seus abismos, medo de suas trevas, medo do destino, medo do caos, medo da ameaça que nos espreita em qualquer parte deste mundo... Conheço muitas pessoas que vivem constantemente fugindo de sua própria verdade. Essas pessoas têm medo do silêncio.

3

Todos nós precisamos de coragem para viver nossa própria vida, a que nos foi atribuída desde o princípio. Com demasiada facilidade, nós nos adaptamos a outras pessoas e aceitamos suas idéias para não ter de nadar contra a corrente. Por um lado, hoje em dia, reina um forte liberalismo que permite tudo. Por outro, podemos observar uma grande uniformidade. Os meios de comunicação ditam as tendências de como devemos ser, pensar, nos vestir e o que fazer.

Nessa situação, é fundamental ter coragem para ser diferente e coerente consigo próprio.

4

Fiquemos atentos a duas tendências: a de nos culparmos e a de nos desculparmos. Quando nós nos culpamos, nós nos dilaceramos e castigamos a nós mesmos. Dramatizamos a própria culpa. Por isso, falta o distanciamento em relação à própria culpa. Ao não lidarmos bem com a culpa, permitimos que ela nos domine, trazendo sérias conseqüências. Essa autodesvalorização é freqüentemente irrealista, não corresponde à realidade, impedindo a autocrítica e a auto-responsabilidade. Nós nos condenamos de imediato e deixamos de fazer um exame coerente dos dados reais. Muitas vezes, essa auto-acusação é somente o avesso de nosso orgulho. No fundo, queremos ser melhores que as outras pessoas e superiores a elas. Mas, nesse momento, manifesta-se a voz do superego, que proíbe isso. Assim, punimos nossa tentação de auto-exaltação.

5

Quem se volta para sua própria realidade evita o perigo do dualismo que observamos em tantas pessoas piedosas. Quem reprime e ignora seu lado perverso e imoral projeta-o sobre outras pessoas e, assim, gera divisão na comunidade. Ou cria união de modo autoritário. Essa união, porém, é adquirida pelo preço de uma poderosa sombra. Sob a superfície dessa união, crescerão intolerância, agressividade, dureza, presunção e desconfiança.

6

Ambos os aspectos pertencem ao autoconhecimento humano: o ser humano é a imagem de Deus. Precisa reconhecer sua dignidade, sua beleza, sua benignidade e sua capacidade de se tornar morada de Deus. Ao mesmo tempo, deve desnudar, a partir de seu interior, tudo aquilo que encobre e distorce essa imagem e descobrir toda a escuridão, o mal, tudo o que está errado e desconfigurado e o lado demoníaco que existe dentro de si. Assim, Deus vai curá-lo, restabelecer sua imagem original e fazê-lo tornar-se aquilo que foi pensado para ser. Isso não é outra coisa senão a auto-realização do ser humano. Ele se realiza como imagem de Deus, ou melhor: Deus realiza sua imagem dentro dele.

7

Muitas vezes, o corpo manifesta o que, no fundo, a alma quer, mas não admite e, por isso, reprime. Por isso, faz bem escutar seu corpo para se conhecer melhor.

Há quatro fontes para o autoconhecimento: nossos pensamentos e sentimentos, nossos sonhos como imagens de expressão de nossa situação, nosso corpo como expressão da alma e o nível da nossa atuação, portanto, nossa conduta, nossos costumes, nosso modo de lidar com o cotidiano, o trabalho e a história de nossa vida. Somente quando contemplamos todas as quatro áreas, podemos perceber qual é nossa verdadeira situação.

8

O ser humano verdadeiro é livre, pois somente a verdade nos libertará. Hoje existem muitas pessoas que rejeitam sua própria verdade com medo de enfrentar a realidade de seu coração. Entram em pânico quando precisam ficar um pouco em silêncio, pois poderia emergir algo que as incomoda. Por isso, mantêm-se sempre ocupadas, somente para fugir de sua própria verdade. Estão constantemente apressadas e irritadas. O pior que lhes pode acontecer é um momento no qual não acontece nada, no qual poderia emergir a própria verdade. Quem foge de sua própria verdade precisa de muita energia para escondê-la das outras pessoas.

9

Quando você cria coragem de ficar sozinho, descobre como é bom estar totalmente à vontade, sem precisar apresentar, comprovar, justificar nada. Talvez você chegue a experienciar que é inteiramente um consigo mesmo.

10

Ser um comigo mesmo significa também aceitar a minha vida, estar reconciliado com meu passado e com as feridas que ele me causou e aceitar aquilo que Deus atualmente me faz passar em meu trabalho, na comunidade na qual vivo, comigo mesmo. Nessa experiência da unidade e aceitação, acontece de repente aquilo por que ansiei há muito tempo: finalmente aceitar a mim mesmo, dizer um "sim" irrestrito à minha vida.

11

A conversão começa no pensamento. Mas, muitas vezes, ele nos conduz à alienação. Por deixar de pensar no que corresponde à realidade, construímos ilusões a respeito dela. Ficamos dominados por certos pensamentos impostos pelos outros, ou os que surgem dentro de nós. Pensamos o que todo o mundo pensa. Nosso pensar é inconsciente, dirigido por outras pessoas. Precisamos aprender a pensar sozinhos, de acordo com a realidade. Quando fazemos isso, nosso anjo fica feliz.

12

Quem reconhece sua própria verdade pára de procurar seus próprios erros em outras pessoas. Torna-se verdadeiramente irmão e irmã para cada pessoa, pois em cada uma reconhece a si mesmo.

13

O Salmo 4,5 diz: "Refleti no silêncio do vosso leito!". Durante a noite, precisamos refletir sobre aquilo que Deus quer nos dizer. Quando acordamos, não precisamos ficar preocupados, nem nos virar de um lado para o outro e achar que, na manhã seguinte, não estaremos descansados porque ficamos acordados até tarde. Precisamos aproveitar o tempo e dizer com o jovem Samuel: "Fala, Senhor, que teu servo escuta!" [1Sm 3,9]. E quando estamos dormindo e sonhando, devemos contar com a possibilidade de que Deus nos mande sonhos e que nos fale por meio deles. Certamente, nossa vida espiritual ficará enriquecida se integrarmos em nossa caminhada espiritual também a noite e o sonho. Se deixássemos de fazer isso, excluiríamos muitas horas da nossa vida.

14

Nossa visão consciente das coisas é, muitas vezes, influenciada por um pensamento orientado por desejos. Por isso, é importante perceber a visão do inconsciente, a qual complementa nossa visão. Na visão do sonho, Deus me livra de minha cegueira, para me confrontar com minha verdade.

15

Estamos constantemente ocupados. Assim que algum tenro impulso desperta em nós, nós o colocamos de lado e nos voltamos para as coisas palpáveis. Assim, nunca perceberemos a voz de Deus.

16

Tudo o que está dentro de mim tem direito de ser. Quando lhe dou o direito de ser, posso me distanciar dele e deixá-lo onde está, dentro da minha cabeça. Assim, meu eu não é afetado. Posso contemplar um pensamento, permitir que exista, mas depois relativizá-lo dizendo: agora não ligo mais para esse pensamento. Pode ser que tal pensamento aflore sempre. Nesse caso, vou percebê-lo e dar-lhe o direito de existir. Assim, não me inquietará. Essa é a tranqüilidade que podemos alcançar. A tranqüilidade absoluta, que muitas pessoas querem alcançar na primeira tentativa, mediante algum método de meditação, está em um nível alto demais para nós. Essa tranqüilidade nos é dada somente na morte. Durante a vida, seremos sempre perturbados por muitos pensamentos e emoções. Quando os deixamos passar, podemos ficar tranqüilos. Sob a nossa consciência, em nosso coração, no verdadeiro eu, a inquietação não tem acesso. Está somente em nossa mente e em nossas emoções.

17

Sei que nas minhas profundezas existe um espaço ao qual tudo isso não chega, no qual sou simplesmente eu. É o espaço em que o próprio Deus habita em mim. Ele me liberta da inquietação interior e exterior: das opiniões de outras pessoas acerca de mim, de suas expectativas e julgamentos, de sua inveja, de suas feridas. Já os poucos momentos nos quais sinto esse espaço em meu interior bastam para me dar também, para o resto do dia, a sensação de que existe dentro de mim, não obstante toda a agitação, algo intocável, um espaço de tranqüilidade que não é afetado por exigências nem por conflitos exteriores.

18

Muitas vezes, descobrimos que somos pessoas que constantemente julgam as outras. Mesmo que não digamos nada, nosso coração fala incessantemente sobre os outros. Essa mania de julgar nos impede de ficarmos conosco mesmos. Estamos sempre com os outros, propensos a descobrir erros neles, para nos esquivarmos de nossa própria verdade. Assim, porém, nunca chegaremos até nós mesmos e nunca experimentaremos a tranqüilidade interior.

19

Sentimo-nos dependentes do reconhecimento de outras pessoas. Sentimos que nossa própria história de vida nos determina e não permite que decidamos livremente. Emoções, paixões, necessidades e muitos desejos nos influenciam e prejudicam nossa liberdade. A pergunta é: "Como podemos chegar à liberdade interior?". A tradição espiritual sempre apontou caminhos para nos libertar do poder de fatores externos. O ser humano espiritual sempre é também o ser humano livre, que não é determinado pelo exterior, mas vive a partir do seu interior, livre da opinião e da expectativa das outras pessoas e da opressão de seus próprios desejos e necessidades. A liberdade interior é um fator essencial de nossa dignidade humana. Somente o ser humano livre é um ser humano completo.

20

Também uma doença nos ajuda a nos encontrarmos com nossa própria sombra, pois, freqüentemente, nossa doença vive à nossa sombra. Mostra-nos o que excluímos de nossa vida. Nela se manifesta o excluído; aquilo que foi relegado à sombra toma a palavra e nos mostra como deveria ser integrado em nossa vida consciente. Nesse sentido, a doença é uma tentativa de autocura. Ela nos protege contra um colapso psíquico, que surgiria de qualquer maneira se continuássemos a excluir freqüentemente nossa sombra. Por isso, deveríamos considerar o lado positivo da doença.

21

Talvez surja em mim a tristeza por tudo aquilo que deixei de viver. Nesse caso, preciso primeiro enfrentar a tristeza, para, ao passar por ela, recuperar a tranqüilidade. Isso pode ser muito doloroso. Mas, se eu não passar pela dor, nunca encontrarei a verdadeira tranqüilidade. Quando eu passo ao largo de minha tristeza, ela sempre me invade de novo ou se expressa em insatisfação e inquietação difusas.

22

Sou sempre eu quem decide as frases para enfrentar os desafios da vida, quando digo: "Estou fazendo tudo errado", ou: "Ninguém nasceu perfeito". Na tristeza, decido-me por uma reação passiva, uma autocomiseração infecunda. Na minha imaginação, aumento o desafio e minha fraqueza para não precisar ir à luta. E, com todas essas frases que digo a mim mesmo, deixo de perceber o quão desonesto estou sendo, no fundo, comigo. Deixo de considerar minha própria força e fico fixado em minhas fraquezas. Não quero ser adulto; prefiro depender da mamãe...

23

Muitas pessoas não amadurecem, porque levam todas as suas características terrivelmente a sério.

Não conseguem perdoar a si mesmas quando apresentam ainda defeitos que, com sua idade, já não deveriam ter. Portanto, travam uma luta impecável para erradicar os defeitos. No entanto, quanto mais os combatem, mais esses defeitos se manifestam. E tais combatentes severos perdem rapidamente a paciência consigo mesmos. Tornam-se ainda mais severos contra si mesmos ou renunciam à luta. No entanto, o anjo da leveza quer nos ensinar outro jeito de lidar com essas questões. Não nos vamos contentar simplesmente com nossos erros. Vamos lutar com bom humor. E não vamos considerar uma tragédia quando fracassamos mais uma vez.

24

Reconciliar-me comigo significa fazer as pazes com meu eu, aceitar-me do jeito que sou. Apaziguar a briga existente entre as diferentes necessidades e os desejos que me empurram de um lado para o outro. Neutralizar a separação que surge entre minha imagem ideal e minha realidade. Acalmar a alma irritada que sempre se revolta contra minha realidade. E significa também beijar aquilo que é tão difícil para mim: meus defeitos e minhas fraquezas, lidar com ternura comigo mesmo, especialmente com aquilo que contradiz a minha imagem ideal.

25

Quem canta seus males espanta. Faz brotar no coração uma sensação de alegria e paz, que nos cura de nossa insatisfação. Os monges cantam salmos várias vezes ao dia; assim, têm uma boa oportunidade de purificar e iluminar sua alma. Hoje em dia, onde uma pessoa comum tem a possibilidade de cantar, onde tem um lugar em que possa cultivar seus sentimentos e expressá-los de modo curador?

26

Uma pessoa alegre não se assusta com ninguém. Ela está em paz consigo mesma. Por isso, nada pode derrubá-la. Quando você conversa com uma pessoa que vive esse tipo de alegria, também seu interior fica mais alegre; você passa a olhar, repentinamente, com outros olhos para sua própria vida e para seu ambiente. Faz bem para você estar perto de uma pessoa alegre. Você sabe como as pessoas podem nos desencorajar quando olham tudo através de óculos escuros, presas no negativo que entrevêem por toda parte. A pessoa alegre o torna mais iluminado. De repente, você se sente leve. Por isso, desejo-lhe o encontro com muitos anjos da alegria.

27

Precisamos tomar distância de nós mesmos quando queremos viver simplesmente aquilo que está dentro de nós. Muitas vezes, nós nos perguntamos o que diriam os outros, que impressão causaríamos se nos comportássemos deste ou daquele modo.

Despreocupação saudável é libertar-nos de toda reflexão sobre as expectativas das pessoas. Colocamos de lado suas expectativas e confiamos na vida que está dentro de nós. Excluímos o papel que normalmente representamos. Abrimos mão da máscara que bloqueia tantas vezes nossa vivacidade interior.

Despreocupação alegre é vivacidade vibrante. Não podemos simplesmente produzi-la. Às vezes, tudo flui dentro de nós. Então, as palavras jorram e contagiamos um grupo inteiro de pessoas com idéias novas. Normalmente, tal despreocupação faz passar uma centelha para os outros. E dela emana liberdade.

De repente, também as pessoas sentem-se livres para confiar na criança que existe dentro delas e que quer brincar, sem perguntar pela finalidade e pelo efeito.

28

O símbolo mais acertado para a união dos opostos que existem dentro do ser humano é a cruz, a qual exprime a integridade da pessoa. Esta surge exatamente pelo fato de suportar a tensão dos opostos e de uni-los no centro, no ponto de cruzamento. Ao abrir os braços e formar uma cruz com meu corpo, sinto a tensão dos opostos, os quais podem não só me dilacerar, mas também me tornar aberto. De repente, sinto abertura e liberdade. Sinto-me um com todo o cosmo. Nada de humano, nada de terreno, nada de cósmico me é alheio. Tudo tem espaço dentro de mim.

29

Quando lidamos misericordiosamente conosco, aprendemos a ter misericórdia com os outros. Conheço muitas pessoas que se dedicam misericordiosamente aos doentes e solitários, mas lidam consigo mesmas sem a menor misericórdia. Abrem seu coração para todos; somente para si mesmas não há lugar nele. Obrigam-se a oprimir todas as próprias necessidades para ficar à disposição dos outros. Porém, tal falta de misericórdia para consigo prejudica também a ajuda dispensada aos outros. Meu amor estará minado por exigências de posse, e eu me tornarei irritado quando esse sentimento desmedido não for reconhecido. Para poder amar o outro de modo aberto e voltar meu coração realmente para ele, preciso entrar primeiro em contato com meu próprio coração e abri-lo para todos os aspectos pobres e infelizes que existem dentro de mim. Assim, poderei ser misericordioso e não condenarei as pessoas, mas as acolherei em meu coração com todos os seus aspectos infelizes, dilacerados, miseráveis e desagradáveis. Desta forma, minha ajuda não lhes causará peso na consciência. Ao contrário, encontrarão no meu coração um espaço e um lar.

Caminhos para a tranqüilidade

1º

Não há caminho para a tranqüilidade que seja apenas exterior. Cada caminho que verdadeiramente leva à calma passa pela experiência de minha própria verdade e pela experiência de Deus.

2

O maior inimigo da calma é a pressão que as pessoas fazem sobre si mesmas. Muitas querem combater sua inquietação frontalmente. Mas, assim, nunca se livrarão dela. Querem meditar sobre a tranqüilidade e desfrutar dela. Porém, quando percebem quanta coisa desabrocha em seu interior, ficam irritadas. Não conseguem suportar a si mesmas. Muitas vezes, desistem de ficar calmas. Querem se livrar da inquietação. Mas não se trata de se livrar dela; trata-se de abrir mão dela.

3

A vida sempre nos decepciona. Ficamos desiludidos conosco, com nossos fracassos, com nossas sombras, com nosso parceiro, com nossa família, com a vida religiosa, com a paróquia. Algumas pessoas reagem à decepção com resignação e aceitam a vida como ela é, deixando as coisas acontecerem. Em seu coração, morre toda vivacidade, toda esperança. Com isso, enterram seus sonhos. No entanto, a decepção pode nos levar até o tesouro e nos libertar das ilusões a respeito de nossa futuro. Talvez tenhamos observado tudo através de óculos cor-de-rosa, mas, agora, a decepção nos tira esses óculos e nos mostra a verdade da vida.

A decepção desmascara e desfaz o engano do qual fomos vítima até agora. Mostra-nos que nossa autoimagem não era correta, que erramos na auto-avaliação. Desse modo, a decepção é uma chance para a descobrir meu verdadeiro eu, a imagem que Deus fez de cada um. Claro, no primeiro momento, a decepção machuca. Mas, ao passar pela dor, aprendemos a nos reconciliar com a realidade e, assim, viver de modo realista e adequado.

4

A existência humana é atrelada a um medo primevo que até a psicologia é incapaz de dissolver. É o medo causado pela finitude do ser humano, o medo de não ter direito à existência, de não estar fundado dentro de si mesmo, mas de depender das pessoas. Esse medo primevo não mas dissolvido por nenhuma psicologia, pode ser superado tão-somente por meio da confiança em Deus, que ultrapassa abismos e nos dá a razão de nosso ser. Ele nos criou por amor e nos faz viver por graça.

5

Se ficar somente combatendo meu medo, ele me perseguirá por todas as partes. Preciso olhar para ele, aceitá-lo, e fazer amizade com ele. Assim, ele perderá seu poder sobre mim e ficarei livre dele, mesmo tendo medo. Contudo, muitas pessoas ficam irritadas quando o medo surge de novo. Sentem-se fracassadas, começam a ter medo do medo. Têm medo de que o medo possa surgir de novo e que se sintam novamente fracassadas. Assim, ficam presas no medo, e ele se torna um problema permanente. Contudo, quando simplesmente percebo o medo e me reconcilio com o fato de sua existência, posso também me distanciar dele. Admito que o medo da doença sempre surge, mesmo que eu me conscientize de que ele é infundado, e não me condeno por causa disso. Não me coloco sob a pressão de que deveria vencer esse medo. Ao contrário, permito que ele exista. Olho para ele, pergunto-lhe o que quer me dizer. Converso com ele, mas, depois da conversa, também me despeço dele. O medo existe, mas ele não manda em mim.

6

O ser humano procura superar o medo da insegurança da existência apegando-se a muitas coisas: na posse, no sucesso, mas, sobretudo, em outras pessoas. Apega-se a uma pessoa amada e espera dela o máximo de proteção. Contudo, isso somente aumenta seu medo, porque ele sente que pessoa alguma pode lhe dar segurança absoluta. Cada pessoa é mortal e tem suas fraquezas. A proteção absoluta pode vir somente de Deus. Ele nos sustenta e nos segura. Nunca cairemos de seus braços protetores e amorosos. Somente ele sacia nosso desejo de segurança absoluta. Uma pessoa humana, porém, pode ser para nós sinal desse abrigo absoluto.

7

O ser humano procura superar o medo de que a existência não tenha valor provando a si mesmo seu valor por meio não só de muito trabalho, de um desempenho sempre maior, mas também do cumprimento escrupulosamente exato de todos os deveres religiosos. Assim, tentamos provar nosso valor a nós mesmos e às pessoas, até a Deus. Procuramos chamar a atenção sobre nós, para que ninguém consiga nos negligenciar. Procuramos cumprir nossos deveres para com Deus com tamanha perfeição, que não lhe resta nada a não ser nos recompensar. No entanto, mesmo que concretizemos essa grande ambição, não poderemos superar o medo de não ter valor. Por outro lado, quando sentimos que nosso desempenho não nos aproxima das outras pessoas, ficamos tensos e perdemos a naturalidade. O medo de não termos valor pode ser superado somente por meio da fé de que temos valor aos olhos de Deus. Antes mesmo de termos realizado algo, somos preciosos para ele, simplesmente por causa da nossa existência — tão preciosos que Cristo morreu por nós, que Deus cuida de nós, que até faz morada dentro de nós.

8

O medo do caráter culposo da existência gera a sensação de termos acumulado alguma culpa pelo mero fato de existir. E vivemos nos desculpando, constantemente, do mero fato de existirmos, do atrevimento de tirarmos dos outros seu tempo, seu espaço de vida, seu ar para respirarmos. Ou tentamos sufocar esse medo por meio de um servilismo exagerado. Mas nem isso funciona. Ficamos exaustos e sentimos que não podemos continuar assim, pois estamos deixando de aproveitar a vida. Para quitar a dívida de nossa culpa, passamos ao largo da nossa vida. Ficamos totalmente vazios e esgotados. Também esse medo pode ser superado somente pela fé de que vivemos pela graça e porque Deus quis nossa existência e nos criou por amor, por beneplácito. Cremos que Deus nos ama, que ele tem tempo para nós e se alegra com nossa existência. A experiência dessa fé nos liberta de todo medo, da inútil autoacusação e dos sentimentos de culpa que tantas vezes nos dilaceram. Quando emergem em mim tais sentimentos de culpa, refugio-me numa palavra da Primeira Carta de João: "Se o nosso coração nos acusa, Deus é maior que o nosso coração e conhece todas as coisas" (1Jo 3,20).

9

Não adianta nada uma compreensão meramente intelectual. Somente quando ela se torna experiência e mexe comigo, é que pode me curar. Uma mudança da conduta humana não é possível sem o componente emocional. Apenas quando a dor reprimida consegue alcançar meu coração, posso renunciar à dor substituta que criei para me proteger da dor verdadeira.

10

Não devemos nos espantar com nenhum pensamento que brota em nós, por mais vulgar e injusto, por mais egoísta e brutal que seja. Não devemos ter medo quando descobrimos dentro de nós ódio e inveja, ciúme e raiva, ou quando percebemos que estamos desejando a morte de alguém. Não devemos nos acusar, dizendo que não podemos pensar assim, que estamos corrompidos desde a raiz. Não devemos nos assustar com nenhum pensamento que brote dentro de nós. Isso não serve para nada, somente nos deixa em pânico, fazendo-nos auto-acusações inúteis.

A reação certa é admitir: "Sim, estou tendo tal pensamento, desejo a morte de fulano, sinto dentro de mim ódio, vontade de matar, ciúme, desejo de acabar com alguém". Admito o pensamento, mas não o transformo em ação. Luto com ele, perguntando pela sua raiz: "De onde vem esse pensamento? O que ele diz sobre mim? Qual a força positiva que está escondida nele? Que desejo ou vontade se expressa nele? Quais as feridas interiores que se tornam presentes? Quanta dor deve causar minha ferida, que começo a pensar assim da outra pessoa?". Em vez de me proibir o pensamento inquietante, deixo-o emergir e posso lutar contra ele, abertamente. Somente assim poderei superá-lo, sem viver constantemente com medo de que ele volte.

11

Não podemos simplesmente espantar os pensamentos negativos que brotam em nós, nem precisamos fazer isso. Devemos reagir de modo positivo. Não devemos reprimi-los, mas lidar com eles positivamente, lutar contra eles. Não faz mal que sempre voltem a brotar. Não podemos evitar isso. Poimen, o monge do deserto, demonstra isso de forma bem instrutiva.

Um irmão foi até o abade Poimen e disse: "Pai, tenho muitos pensamentos, e eles me põem em perigo". Poimen o levou para fora e disse-lhe: "Estende tua túnica e prende o vento". O irmão respondeu: "Não posso!". O velho monge então lhe disse: "Se não podes fazer isso, também não poderás impedir que teus pensamentos venham a ti. Mas é tua tarefa resistir contra eles".

12

A tarefa da vida espiritual não é apenas tornar-se livre de defeitos e dominar os impulsos e as paixões, mas viver de corpo e alma sadios. Compreender nossa saúde como tarefa espiritual tem conseqüências para nossa espiritualidade.

13

Quando ficamos doentes, devemos nos perguntar o que está doente também em nossa alma, ou em que aspecto levamos uma vida não sadia e em que ponto interrompemos nossa própria vida por causa da repressão, da agressividade, do prazer e das necessidades. A doença é uma chance de autoconhecimento honesto. Nela, descobrimos o que verdadeiramente nos falta. Os sintomas de uma doença são imagens de nossa situação psíquica. Precisamos da doença para nos autoconhecermos, pois nenhum de nós é tão honesto que olhe para si mesmo sem nenhuma reserva. É muito fácil tornar-se vítima dos mecanismos interiores de repressão. O corpo nos obriga a olhar para as coisas reprimidas. Nele, elas se tornam visíveis e já não podem passar despercebidas. Deveríamos ser gratos por isso. Sem a doença, nunca nos reconheceríamos verdadeiramente e não encontraríamos a medida de que precisamos para uma vida sadia.

14

Muitas vezes, podemos perceber o que uma doença quer nos dizer quando prestamos atenção à sua descrição verbal. Alguém diz: "Estou farto!" e permite que se perceba que está sobrecarregado. Outro diz: "Estou resfriado" e se refere a uma ofensa contra a qual reagiu alergicamente. Outro, ainda, acha que pegou uma infecção. Alguém invadiu sua privacidade, e ele não quer que lhe façam isso. Outro diz que pegou uma gripe e demonstra, com isso, a frieza com a qual alguém o trata. Sente frio na atmosfera gelada de alguma convivência. Quando escuto a mensagem da doença, entendo melhor minha situação atual e posso tentar viver com mais autenticidade e coerência.

15

Cada pessoa, em algum momento de sua vida, se encontra num caminho que não a leva adiante; um caminho que é um beco sem saída que termina em frente de um muro, em desvios que parecem ser infindáveis, em caminhos errantes que levam à direção errada, em atalhos que se perdem no mato. Então, como o filho pródigo, percebemos que não dá para continuar assim. "Vou voltar para meu pai" (Lc 15,18). Em grego, a palavra aqui usada seria *anastas*, que quer dizer exatamente "ascender".

É a palavra usada também para "ressurreição". Em algum ponto de nossos caminhos errantes, desejamos "ascender", levantar e seguir nosso caminho verdadeiro. Nesse momento, celebramos a ressurreição. E o anjo celebra conosco, pois foi ele que nos inspirou o pensamento para ascendermos, para não mais permitirmos que sejamos empurrados para caminhos que não levam a destino algum e para nos insurgirmos contra tudo o que nos impede de tomarmos o caminho para a vida.

É consolador saber que nosso anjo nos acompanha também em nossos caminhos de desvio e de engano. Parece que ele tem paciência conosco. Ele não nos abandona, mesmo quando o caminho conduz para uma fossa. Podemos confiar em que, em algum ponto de nosso caminho, ele se manifeste e coloque em nosso coração a coragem de ascendermos. E assim optarmos pela direção que nos leva a maior vivacidade, liberdade e amor.

16

Amar a si mesmo significa aceitar a si mesmo. Hoje em dia, é muito comum ouvir este conselho:

Aceite a si mesmo. Resta a pergunta: "Como posso fazer isso concretamente?". "Amar" significa "demonstrar afeição ou devoção". Tem algo a ver com as mãos. Também receber e aceitar acontece sempre com as mãos. Quando aceito algo em minhas mãos, isso se torna parte de mim. Aceitar a si mesmo significa tomar a si mesmo nas mãos, demonstrar afeto por si mesmo, com ternura. Amor é algo que posso tocar com as mãos, algo que tem corpo. Trato-me bem e com afeto quando cuido bem do meu corpo, quando não o deixo ficar debilitado, mas transparente para Deus. Devo escutar meu corpo. Por meio de doença, dor, deficiência, ele diz algo sobre mim. Devo aceitar o que ele me diz, recebê-lo em minhas mãos, permitir que se torne uma parte de mim, reconciliar-me com ele. O mesmo vale para os pensamentos que emergem em mim. Eles também devem ser recebidos, aceitos como uma parte de mim. Mas devo discernir o pensamento que me impede de ser eu mesmo. Nesse caso, preciso lutar contra esse pensamento e me tratar bem, permitindo que bons pensamentos entrem em mim e me curem.

17

Enfrentar a culpa faz parte da dignidade humana. Quando banalizo minha culpa, procurando dar desculpas ou transferindo-a para outras pessoas, roubo de mim a dignidade de ser passível de culpa. A culpa é sempre uma expressão de minha liberdade. A desculpa ou a banalização da culpa tiram de mim a liberdade. Ao assumir a responsabilidade pela minha culpa, renuncio a todas as tentativas de justificação ou de transferência dela para outras pessoas. Essa é a condição para eu me desenvolver interiormente, sair da prisão do permanente autocastigo e da auto-humilhação e encontrar meu verdadeiro ser. Admitir a culpa diante de uma pessoa cria, muitas vezes, a experiência de maior proximidade e de maior compreensão mútua.

18

Reconciliar-se consigo mesmo significa dizer "sim" àquilo que sou. Dizer "sim" não só a minhas capacidades e forças, mas também a meus defeitos e fraquezas, meus conflitos, meus pontos vulneráveis, meus medos, minha tendência depressiva, minha incapacidade de comprometer-me, minha falta de perseverança. Preciso olhar com olhos de amor para aquilo de que não gosto em mim, para o que contradiz fortemente minha auto-imagem, para minha impaciência, para meu medo, para minha baixa auto-estima. Isso é um processo que dura a vida toda. Mesmo quando acreditamos que já nos reconciliamos com nós mesmos, sempre aparecem fraquezas que nos irritam, que gostaríamos de negar. Nesse momento, devemos novamente dizer "sim" a tudo que está dentro de nós.

19

Trata-se de amar o inimigo que está dentro de si mesmo, e isso não é nada fácil. C. G. Jung levanta a pergunta crítica: "Dar de comer ao mendigo, perdoar ao ofensor, até amar o inimigo em nome de Cristo, tudo isso é, sem dúvida, uma grande virtude. O que fiz pelo menor de meus irmãos fiz por Cristo. Mas o que acontecerá se eu descobrir que o menor de todos, o mais pobre de todos os mendigos, o mais atrevido de todos os ofensores e até o próprio inimigo está dentro de mim? Que eu mesmo preciso da esmola da minha bondade, que eu mesmo sou o inimigo que precisa ser amado?". É preciso tomar uma decisão moral para amar o inimigo que existe dentro de nós e, assim, aceitarmos a nós mesmos do jeito que Deus nos fez, com todos os aspectos que não correspondem à nossa imagem ideal. No entanto, aceitar a sombra não significa realizá-la na vida. Precisamos saber dela e considerar suficientemente certas vozes dela. Mas não podemos abolir, por isso, nossos valores. Precisamos estar conscientes daquilo que vivemos e dos valores que queremos observar. Assim, decidiremos quais aspectos de nossa sombra poderemos integrar e a quais aspectos deveremos resistir.

20

Reconciliar-me com minhas feridas interiores significa também perdoar as pessoas que me machucaram. Contudo, muitas vezes, o processo do perdão exige tempo. Não é um simples ato de minha vontade. Preciso passar mais uma vez pelo vale de lágrimas para chegar à reconciliação. Ao chegar lá, posso olhar para trás e entender que meus pais não me machucaram porque queriam, mas somente porque eles mesmos foram machucados quando eram crianças.

Sem perdão não há reconciliação com minha história de vida. Preciso perdoar as pessoas que me machucaram. Somente assim poderei me desprender do passado, me libertar dos eternos giros que faço em torno das minhas feridas, e me tornar livre da influência destrutiva das pessoas que me machucaram e humilharam.

21

A reconciliação conosco mesmos é certamente a tarefa mais difícil. Muitas vezes, estamos em pé de guerra conosco, com as diferentes tendências que vivem dentro de nós. Não conseguimos nos perdoar quando cometemos um erro que prejudica nossa imagem diante das outras pessoas, nem dizer "sim" para nossa história de vida. Estamos revoltados porque sofremos determinado tipo de educação, porque nascemos em determinado tipo de situação histórico-social, porque nossos sonhos de vida não puderam ser realizados, porque fomos machucados e prejudicados profundamente em nosso desenvolvimento. Há pessoas que ficam a vida toda presas na revolta e na rebelião contra seu destino. Até o fim de suas vidas, acusam os pais por não lhes terem dado o amor de que precisavam, e a sociedade por não lhes ter dado a chance que estavam esperando. Sempre são os outros os culpados de nossa miséria. Tais pessoas sentem-se a vida toda como vítimas e, com isso, justificam sua negação de viver. Elas se negam a se reconciliar com sua história e, ao mesmo tempo, a assumir a responsabilidade por sua vida. Não estão dispostas a assumir responsabilidades por si mesmas, e nem algum tipo de responsabilidade social. Ficam sempre no banco dos acusadores. Os culpados são sempre os outros: o governo, o prefeito, as repartições públicas, a sociedade, a Igreja, a família. Em última instância, seu constante protesto e sua permanente acusação as levam a negar a própria vida. Tais pessoas não estão vivendo, mas estão representando uma vivência de acusadores diante do tribunal, julgando os outros sem enfrentar, elas mesmas, nenhum juízo.

22

Não se trata apenas de não ficar dominado pelas paixões, mas sim da integração das paixões na totalidade da vida. Quando estão integradas, servem a tudo que estou fazendo. Tornam minha espiritualidade mais viva e mais apaixonada. A paixão integrada fecundará meu trabalho, tornará minhas relações mais intensas e fortalecerá minha dedicação a outras pessoas. Hoje em dia, uma tarefa importante da auto-realização humana é a integração da sexualidade. Quando alguém isola sua sexualidade de suas outras motivações, isso tem conseqüências desastrosas para sua psique e para a convivência com outras pessoas. Resulta num constante bisbilhotar na esfera íntima dos outros para descobrir suas inclinações sexuais. Integração é também mais do que sublimação. Falamos em sublimação quando alguém renuncia ao exercício ativo de sua sexualidade por causa de motivações mais nobres. Mas integração significa que a sexualidade aflui em tudo que faço: em minha oração, minhas relações, meu trabalho, meu corpo, minha alma. A pessoa que integra em sua alma tudo o que descobre dentro de si é verdadeiramente íntegra. É pura e completa.

23

Em algum momento, precisamos fazer as pazes com tudo que vivenciamos e sofremos. Somente quando estamos dispostos a nos reconciliar também com nossas feridas, é que estas podem ser transformadas. Para Hildegarda de Bingen, a verdadeira tarefa de cada ser humano é "transformar suas feridas em pérolas". Isso pode acontecer, porém, somente quando aceitamos as feridas, quando deixamos de atribuir a outras pessoas a responsabilidade por elas. Não obstante, a reconciliação com nossas feridas passa, primeiro, pela fase de admitir a dor e a raiva diante das pessoas que nos machucaram.

24

O perdão está no fim da raiva, não no seu início. Enquanto o outro que nos machucou ainda estiver dentro de nós, a ferida não poderá sarar. Enquanto a faca ainda estiver enfiada na ferida, esta jamais poderá se fechar. A raiva é a força para tirar e jogar fora a faca que nos causou a ferida, para expulsar de nosso coração a pessoa que nos machucou. Precisamos criar, primeiro, uma distância em relação ao causador do ferimento, para poder enfrentá-lo. Somente assim seremos capazes de nos encontrar com ele face a face. Enquanto ainda está dentro de nós, seguer podemos enxergá-lo nitidamente. Sentimos apenas a ferida, mas não enxergamos o rosto de quem nos feriu. Quando olharmos para aquela pessoa com certa distância, talvez sejamos capazes de perceber que ela própria é uma criança machucada, que apanhamos dela injustamente porque ela mesma já apanhou demais.

25

Muitas pessoas declaram Deus responsável pela sua história de vida tão confusa. Precisam dessa acusação a fim de ter um motivo para se negar à vida. Deus teria culpa pelo fato de elas terem sido criadas em tal constelação familiar, herdado tais características e de terem tantos déficits a ponto de precisarem carregar fardos tão pesados. Deus as teria tratado com injustiça, as teria deixado cair e não se teria preocupado com elas. Desse modo, tais pessoas vivem irreconciliadas, diláceradas, insatisfeitas consigo mesmas e com o mundo, em constante protesto contra Deus, que é responsável pelo destino delas. Muita gente acha difícil imaginar que deveria perdoar a Deus. Mas faz parte da aceitação de nossa história de vida poder perdoar também a Deus, que nos colocou em determinado caminho.

26

Faz parte da reconciliação consigo mesmo também a reconciliação com o próprio corpo. Isso não é nada fácil. Não podemos mudar o corpo. As pessoas sempre me demonstram, em conversas, o quanto sofrem com seu corpo, que não é do jeito que gostariam que fosse, nem corresponde à imagem ideal do homem ou da mulher que, hoje, a moda impõe. Muitas pessoas se acham gordas demais e têm vergonha disso. Acreditam que seu rosto não é atraente e sentem-se desprivilegiadas por causa de seu tipo físico. Mulheres sofrem quando são altas demais; homens, quando são baixos demais. Somente quando amo meu corpo como ele é, ele se torna belo, pois a beleza é algo relativo. Há o boneco belo, mas frio e sem expressão. Beleza significa que a glória de Deus brilha através de mim. No entanto, isso será possível somente quando eu aceitar meu corpo e o apresentar a Deus. Somente assim, ele poderá se tornar receptivo ao amor e à beleza de Deus.

27

Uma vida ordenada traz certa ordem também para nossa desordem interior. A ordem exterior me protege contra a dominação da desordem que reina em meu subconsciente. O abade Poimen diz: "Quando a pessoa mantém a ordem, não fica confusa".

28

O desejo da harmonia foge da dura realidade e se refugia num mundo de aparências. O amor enfrenta a realidade, abre-se para ela e a transforma. Podemos transformar apenas aquilo que aceitamos. O amor obedece a essa lei fundamental da vida, aceitando o que encontra.

29

Você não precisa criar o amor dentro de você mesmo, mas sim beber da fonte do amor divino que jorra dentro de você e que nunca secará.

30

Às vezes, temos a sensação de que um anjo abriu o céu e fez que nossa vida parecesse novamente transparente para Deus, justamente no momento em que estávamos esgotados. No momento em que não esperamos mais nada, um anjo entra em nossa vida e faz com que vejamos tudo sob uma luz diferente. Para muitas pessoas, a crise sem saída se torna o ponto em que descobrem um caminho espiritual. No entanto, o caminho espiritual não é um desvio que passa por cima da crise verdadeira, mais sim o único caminho que nos leva realmente adiante. Quando, externamente, nada vai para frente, podemos avançar somente no caminho interior; assim, a vida pode novamente dar certo. Descobrimos, no caminho interior, nosso verdadeiro ser, que nos tira do beco sem saída, que nos mostra uma direção.

31

Com a ajuda do anjo da cura, suas feridas se transformam em posse preciosa, em pérolas preciosas, como diz Hildegarda de Bingen, pois, nos aspectos em que você estava machucado, você se abrirá a outras pessoas e reagirá com sensibilidade quando elas falarem de suas feridas. Então, você se sentirá vivo e entrará em contato com você mesmo, com seu verdadeiro ser. Desejo que o anjo da cura lhe dê a esperança de que todas as suas feridas vão sarar. Você não é predefinido pela história de suas feridas e pode viver inteiramente no presente, porque suas feridas já não o impedem de viver. Ao contrário, elas o capacitam para a vida. O anjo da cura quer transformar suas feridas em fontes de vivacidade e de bênção para você e para os outros.

A dualidade da vida

Abril

1º

Dentro de nós, muitas coisas parecem existir lado a lado, sem formar uma unidade. Sempre parecemos ser diferentes. Ora sentimo-nos bem, ora estamos tristes. Muitas vezes, nem sabemos por quê. Sentimo-nos cheios de gratidão; logo depois, nos assaltam irritação e raiva, sem nenhum aviso prévio. Esses dois sentimentos, gratidão e raiva, parecem não ter nada a ver um com o outro. Existem lado a lado. Pensamos que a gratidão nos plenificará inteiramente e nos acompanhará o dia todo. Mas, de repente, sem perceber, ficamos dominados pela irritação. Ou pensamos que, finalmente, conseguiremos criar confiança — confiança na vida, confiança em nós mesmos, confiança em Deus. Mas, no momento seguinte, voltamos a ficar cheios de medo. De repente, temos um medo imenso da doença e da morte ou de não vencer o dia de hoje. Nesse momento, achamos que toda a confiança se foi. Pensamos que nossa confiança era apenas uma ilusão, que nos enganamos. Não conseguimos sintonizar essas duas experiências de confiança e de medo, de fé e de dúvida, de esperança e de desespero. Estão lado a lado, disparatadamente, e nos assustam. Esses elementos tão diversos e sem relação mútua nos confrontam com a pergunta: "Quem sou eu, verdadeiramente? Sou uma pessoa que consegue confiar ou uma pessoa cheia de medo? Ou sou as duas? Qual é o cerne que mantém tudo unido?".

2

Parece que, de tempos em tempos, cada um de nós tem necessidade de se retirar do barulho e da agitação do dia-a-dia. Sem isso, nós nos perdemos na correria. Continuamos apenas funcionando, mas já não estamos vivendo, nem somos nós mesmos. Quando você se retira para um lugar silencioso, pode acontecer que leve junto o barulho do mundo e que não seja nada agradável encontrar-se confrontado com tudo o que emerge dentro de você. Leva algum tempo distanciar-se dos problemas do cotidiano. Somente depois disso começa seu retiro interior.

3

Um caminho concreto para ficarmos calmos, interior e exteriormente, é o jejum que, hoje em dia, goza novamente de grande popularidade. Quando estou jejuando, por exemplo, ao longo de uma semana, passo por esta experiência: meus movimentos ficam mais calmos, ando mais devagar e sinto que não suporto a agitação. Posso trabalhar bem e muito, mas quando fico agitado, sinto tontura e percebo como engano a mim mesmo com essas atividades frenéticas. No entanto, no início, o jejum me confronta com muitos pensamentos e sentimentos que reprimi, sobretudo com a irritação e a decepção. Sinto que, em outros tempos, muitas vezes reprimi esses sentimentos imediatamente, comendo algo. O ato de comer é capaz de abafar sentimentos negativos, para eu não precisar sentir a mim mesmo. Quando não cedo à fome, mas a agüento, posso superar o antigo mecanismo. O jejum me convida a procurar outros caminhos, a saciar minha fome verdadeira.

4

"Afinal, quem sou eu, verdadeiramente? Quais são meus desejos e anseios mais profundos? Quais são as minhas piores feridas? Em que aspectos estou insatisfeito, não realizado? O que consegue me desequilibrar?" Quando jejuo, faço essas perguntas para ir ao encontro dos pensamentos e das motivações que surgem dentro de mim. Dessa forma, o jejum se torna uma boa chance de eu me conhecer melhor e me sintonizar melhor com uma parte de mim.

5

Preciso reconhecer minhas necessidades e me reconciliar com elas. Assim, posso também distanciar-me delas. No entanto, renunciar não é apenas uma expressão da liberdade interior. Pode levar também para a liberdade. Quando sinto que estou viciado em tomar café de manhã cedo ou uma cervejinha à noite, então é bom tomar a liberdade de renunciar a isso por algum tempo, por exemplo, durante a Quaresma. Assim, posso voltar a me sentir livre. Isso faz bem para minha auto-estima.

6

Para o corpo poder se tornar transparente ao seu verdadeiro ser, é preciso treinar para viver numa liberdade interior com relação a ele. Quem segue somente seus instintos imediatos não faz nada de bom nem para si nem para o corpo. O importante é seguir aquele mais profundo que existe dentro de si, o anseio que vislumbra algo da harmonia original existente entre corpo e alma.

7

Renunciar pressupõe um "eu" forte. Quem tem auto-estima fraca precisa de muitas coisas para preencher o vazio interior. Vive procurando algo a mais. Pensa que ficaria tranqüilo se tivesse tudo de que precisa na vida. Mas um desejo desperta o próximo. Limitar-se voluntariamente é não só um sinal de um eu forte, mas também um caminho concreto para reforçá-lo. Quando abro mão de tudo que as pessoas em minha volta têm, encontro, sempre mais, minha própria identidade. Fico orgulhoso de mim por não precisar ter tantas coisas. Isso aumenta minha auto-estima e me leva a estar mais comigo mesmo, em vez de estar com tantas coisas que deveriam satisfazer minhas necessidades. E quanto mais estou comigo, tanto mais calmo fico.

8

Em alemão, a expressão "matar a fome" significa literalmente "acalmar a fome" *(dess Hunger stillen)*. Ao amamentar *(stillen)*, por exemplo, a mãe tanto "mata a fome" do bebê quanto o "acalma" *(stillen)*. Com o jejum acontece o mesmo: ele nos sacia de forma diferente e acalma-nos, pois vamos até o motivo mais profundo de nossa fome, experimentando-a como desejo de amar e ser amado, de realizar-se e satisfazer-se. Quando a mãe "acalma" a criança amamentando-a, não é apenas o alimento que sacia a fome, mas também a relação amorosa que tranqüiliza a criança. Ao jejuar, renunciamos à satisfação e ao empanturramento. Voltamo-nos com amor para nossos verdadeiros anseios.

9

Nos ditos dos Padres do deserto, um monge nos diz, por meio de uma imagem, que somente poderemos desfrutar as coisas se abrirmos mão delas. Uma criança vê um pote de vidro cheio de doces. Mete a mão e quer tirar o máximo possível. Mas, a mão fechada e cheia não passa de volta pelo gargalo estreito do pote. Ela precisa primeiro abrir mão dos doces. Depois, pode tirar e desfrutar um de cada vez. Abrir mão não é uma tarefa ascética que precisamos realizar penosamente de dentro de nós. Ao contrário, brota do desejo da liberdade interior e da intuição de que nossa vida se torna verdadeiramente fecunda somente quando somos independentes e livres. Quando já não somos dependentes daquilo que outras pessoas pensam e esperam de nós, nem do reconhecimento e da atenção de pessoas, podemos entrar em contato com nosso verdadeiro ser.

10

Jesus não renuncia a comida e bebida. Ele até é chamado de comilão e beberrão. A meta da vida é desfrutar. Os místicos dizem que a vida eterna consiste no perene desfrutar de Deus. "*Frui deo*: desfrutar de Deus" — essa é a nossa meta. Mas dificilmente poderemos desfrutar de Deus se não estivermos dispostos a gostar dos dons que Ele nos oferece.

11

As pessoas podem se libertar de muitas dependências e vícios. Mas, quanto mais velho fico, tanto mais passo pela experiência de que não posso fazer tudo que quero, que tenho recaídas e defeitos, apesar de saber melhor das coisas, apesar de todos os métodos psicológicos e espirituais. Isso me irrita porque atrapalha minha auto-imagem. Contudo, quando me aproximo de Deus e me ofereço a ele como sou, sem reclamar de mim, posso passar pela experiência de uma nova liberdade: não é preciso conquistar o controle completo sobre mim. Vivo lutando e tentando melhorar aspectos dentro de mim. Mas sempre me vejo confrontado com minha estrutura e caindo na armadilha. Quando, nessa situação, ofereço a Deus minhas mãos vazias, sinto-me inteiramente livre — livre de toda presunção de querer melhorar sozinho, livre de todas as auto-acusações, livre de toda pressão que estou exercendo sobre mim.

12

Não só o vício tem influência sobre nossa vida espiritual, mas também toda maneira de comer e beber. O jeito como alguém come e bebe revela muito sobre sua maturidade espiritual. Se alguém vive engolindo tudo com pressa, provavelmente tratará a criação de Deus da mesma maneira. Também engolirá livros em vez de desfrutar deles verdadeiramente. Talvez tenha também desaprendido a admirar-se. O jeito como comemos revela algo de nosso relacionamento com o mundo. Tratamos o mundo e a Deus da mesma forma que lidamos com os alimentos.

13

O que conta verdadeiramente no jejum não é o sucesso exterior, mas o fato de me tornar mais sensível, mais bondoso, mais misericordioso. Não devo passar por cima das minhas necessidades elementares, mas sim aprender, no jejum, a lidar com elas de modo melhor e mais bondoso. Não devo me tornar independente da comida e da bebida, mas comer e beber com mais respeito. Não devo engolir tudo indiscriminadamente, mas apenas tolerar a comida como um mal necessário da minha natureza. Tenho de me tornar capaz de desfrutar dela verdadeiramente e alegrar-me com ela por ser um dom de Deus. Essa atitude me levará, com o tempo, a comer mais devagar e mais conscientemente. Dessa forma, corro menos risco de comer além daquilo que me faz bem. De alguma maneira, cada pessoa sente seus limites. Não são limites impostos aleatoriamente. O próprio corpo sabe o que lhe faz bem. Seria importante escutar melhor nosso corpo. No entanto, para escutá-lo, é preciso proporcionar uma atmosfera de silêncio em torno de nós. Nela, podemos descobrir nosso corpo como o parceiro mais importante em nosso caminho espiritual.

14

Não convém nos entupir insaciável e continuamente de coisas novas, mas sim guardar no coração o pouco que escutamos e lemos. Assim, nosso coração pode nos transformar por nos leva a reviver as boas lembranças contidas nele. Na prisão nazista, em Berlim, Dietrich Bonhoeffer escreveu como estava reavivando memórias e como elas lhe davam luz e consolo na solidão da cela. Ele foi capaz de preservar em seu coração encontros, experiências feitas numa celebração, num concerto, e viver disso, em meio ao frio daquela época. Sua capacidade de preservar palavras e experiências curadoras deu uma resposta à pergunta de Hölderlin, que se lamenta: "Ai de mim! Onde posso encontrar, em meio ao inverno, as flores, a luz do sol?". Bonhoeffer preservou as flores de sua experiência de Deus, de modo que podiam florescer até no deserto infértil dos brutais carrascos nazistas. E preservou a luz do sol em seu coração, de modo que o frio de pessoas fechadas não podia ameaçá-lo.

15

Se quero um corpo sadio, preciso de bons pensamentos. E vice-versa. Não posso esperar um espírito claro quando vivo entupindo o corpo com comida.

16

Sua fala vem do silêncio e é purificada por ele. Talvez também você conheça pessoas que precisam tagarelar sobre tudo que lhes passa pela cabeça, tornando-se muito cansativas. Não conseguem guardar nada para si, nem calar-se por um momento sequer. Parece que têm medo do silêncio. Dessa maneira, nada pode crescer dentro delas. Não chegam até o próprio centro, nem sentem a própria alma. Vivem somente na superfície da tagarelice. Quando você encontra esse tipo de pessoa, sente saudade de períodos de silêncio nos quais não precisa falar com ninguém. Saboreia o silêncio, pois não há ninguém que exija algo de você. Pode simplesmente ser e escutar no silêncio aquilo que quer emergir dentro de você.

17

Não temos apenas um corpo, somos corpo. E quando queremos nos abrir para Deus, precisamos começar com o corpo. Quando queremos pertencer ao Senhor, precisamos sentir isso também em nosso corpo. O jejum "santifica o corpo e, finalmente, nos conduz ao trono de Deus". Coloca-nos na sua presença. Conserva aberta a ferida que nos mantém em movimento, em direção a Deus, para que não procuremos precipitadamente a satisfação de nosso desejo, de nossos anseios num outro lugar, em pessoas ou nas belezas deste mundo. O jejum nos protege contra a tentação de encobrir nossa ferida antes da hora, de a preencher com satisfações substitutas. Faz-nos sentir no corpo nossa determinação mais profunda para estarmos a caminho de Deus, porque somente Ele é capaz de saciar nossa inquietude mais profunda.

18

Faz bem conseguir, por algum tempo, renunciar ao que temos e que usamos com naturalidade. Não se trata de sermos duros conosco mesmos, mas de demonstrar que ainda somos livres, não estamos entregues às nossas necessidades, sem esperança de liberdade, e ainda temos uma vontade livre, que possibilita a decisão autônoma do que queremos ou não. Tal liberdade é sinal de nossa dignidade. A pessoa que não é livre fica resignada e sempre mais determinada a partir de seu exterior. Isso deprime a pessoa e faz que ela relaxe sempre mais: nada vale a pena. A Quaresma, um tempo de jejum, é a prova de que ainda somos pessoas livres. E faz bem ter essa prova, pois levanta nossa auto-estima. A renúncia que praticamos no jejum não é somente um caminho para a liberdade, mas também uma expressão da nossa liberdade interior.

19

Obviamente, os antigos monges tinham conhecimento do estreito vínculo entre alma e corpo. Quando o corpo engorda, também a alma se torna gorda e antipática. Comer muito reduz a agilidade espiritual da pessoa. A saúde do corpo e a da alma são uma unidade. Encontramos esse saber da psicologia moderna continuamente nos escritos dos antigos monges e dos Padres da Igreja.

Atanásio escreve: "Eis o que faz o jejum! Cura as doenças, drena os líquidos supérfluos do corpo, expulsa os demônios, espanta pensamentos errados, dá maior clareza ao espírito, purifica o coração, santifica o corpo e, finalmente, leva a pessoa para o trono de Deus [...] O jejum é uma grande força e confere grandes sucessos".

20

Quem deseja demonstrar compaixão verdadeira precisa ser capaz de sentir o sofrimento. Hoje em dia, corremos o perigo de nos fecharmos diante da avalanche de notícias horríveis porque não conseguimos suportar tanto sofrimento de uma vez. Não contemplamos o sofrimento de imediato, somente pela TV. Isso o mantém longe de nós. Ter compaixão exige que eu esteja *com* as pessoas que estão sofrendo, disposto a compartilhar com elas meu tempo e meu coração. Contudo, compartilhar não significa confundir-se com o sofrimento do outro. Quando compartilho meu coração com uma pessoa, uma parte dele fica intocada pelo sofrimento, ou seja, olha para o sofrimento e reflete sobre alguma solução. A outra parte abre-se para o sofrimento, sente com ele, permite que a pessoa entre em meu coração. Assim, pode surgir um diálogo, em meio ao sofrimento, que o amenize e que busque caminhos para superá-lo.

21

Faz parte da existência humana, necessariamente, o sofrimento com sua finitude, suas limitações e fraquezas, com sua mortalidade. No entanto, muitas pessoas não querem admitir que sejam finitas. Comportam-se como Deus. Este é o pecado original: querer ser como Deus, todo-poderoso, auto-suficiente, sem limites. Esse pecado original gera o desastre. Então, um precisa se esconder do outro, porque, na verdade, não são Deus; porque estão nus. Então, um precisa ter ciúme e acabar com o outro, para poder se agarrar à sua própria grandeza, como Caim. Na Quaresma, a Igreja nos mostra o Deus sofredor, para que renunciemos à megalomania de querermos ser como Deus.

22

Apesar de todos os discursos sobre morte e ressurreição, permanece a insegurança de como eu, pessoalmente, viverei minha morte. A morte continua sendo a ousadia da fé e do deixar-se cair sempre mais nas mãos de Deus. Ela me desafia já, aqui e agora, a buscar minha segurança em Deus e não no sucesso nem no reconhecimento ou na confirmação por parte das pessoas, mas no amor de Deus, que me carrega. A morte é um convite a viver cada instante intensa e conscientemente, a tecer a eternidade já, aqui, na temporalidade, a abrir mão do costume de me agarrar em mim mesmo para me entregar inteiramente ao Deus presente. A morte é também expressão de minha esperança de que Deus preparou para mim um futuro eterno e de que não ficarei fora do seu amor. O amor de Deus é o fundamento da minha existência, nesta vida e na morte. Garante-me que não cairei no vazio e que serei carregado para dentro da verdadeira existência em que poderei esquecer a mim mesmo, na contemplação de Deus, tornando-me, assim, verdadeiramente aquele que sou, aquele que foi pensado por Deus, desde toda a eternidade. Creio que Deus, na minha morte, satisfará meu anseio mais profundo.

23

Uma vez que tocamos no mistério de nossa existência, devemos viver de acordo com ele, pois uma descoberta que fica apenas na mente se perde. Viveríamos uma esquizofrenia se descoberta e ação divergissem. Entretanto, nosso agir ficará sempre um pouco aquém da nossa descoberta na fé. Contudo, quanto mais nos voltarmos para o mistério da nossa vida, tanto mais viveremos dele.

24

O que vale para Jesus também vale para nós. Também nós sabemos que, em última instância, viemos de Deus e voltaremos ao Pai. Por isso, conviria, para nós, deixar rastros de nosso amor que permanecessem visíveis ainda depois da nossa morte. Para uma pessoa, o rastro de seu amor é o jeito como olha para alguém. Para outra, é sua prontidão para ajudar. Para outra ainda, é a abertura para a necessidade dos outros, o amor mediante o qual dá a vida pelos amigos (cf. Jo 15,13). Para uma pessoa, esse amor se torna visível numa foto que representa a chama interior de sua vida. Para outra, ele se expressa em suas obras, em pinturas que fez, em cartas ou livros que escreveu. Ou é simplesmente a lembrança de como essa pessoa ia ao encontro das outras, o que lhes dizia, como reagia. Gostaria que as pessoas atribuíssem a mim o rastro de um coração aberto que não se poupa, porque gosta das pessoas e quer despertar nelas uma vida única. Mas, ao mesmo tempo, sei quão pequeno este coração é, muitas vezes, e quantas vezes está marcado por pensamentos obscuros e destrutivos.

25

O fogo que ilumina a sarça ardente, mas não a consome, é uma imagem do amor; contudo, pode ser também uma imagem da sexualidade. As chamas pelas quais Pamina e Tamino precisam passar, na ópera *A flauta mágica*, simbolizam seu amor apaixonado. Eles precisaram passar pela água e pelo fogo, para que sua paixão se transformasse em amor verdadeiro e sustentável. A sarça ardente nos promete que, também em nós, o amor pode reavivar o que está seco e morto, transformando em beleza justamente aquilo que é desprezado e fraco. O amor transforma ao tocar. O toque carinhoso faz florescer pessoas que estavam fechadas em si, endurecidas. Faz ruir muros que antes separavam pessoas e envia luz ao amargor escuro de um coração fechado. O amor divino e humano pode transformar nosso coração esgotado e vazio num lugar de luz e beleza.

26

Para amadurecer, para chegar ao fundo de nossa própria alma, precisamos nos enfiar pela estreiteza existente entre duas rochas; não podemos constantemente correr atrás de novos métodos de amadurecimento humano e espiritual. Isso seria apenas uma fuga da multidão. Em algum momento, precisamos ter a coragem de passar pela estreiteza existente entre as duas rochas, mesmo que esfolemos, assim, a antiga pele, mesmo que soframos com arranhões e feridas. As decisões pressionam. Mas sem essa pressão não poderemos nos tornar maduros, novos. O ser humano exterior precisa se esfolar para que o interior possa se renovar dia a dia (cf. 2Cor 4,16).

27

Quem acha que precisa resolver tudo sozinho sofrerá profundamente com o peso de sua responsabilidade e considerará sua vida uma tarefa pesada. A leveza não significa leviandade ou negligência; antes, fundamenta-se na profunda confiança de que estamos na boa mão de Deus e que ele cuida de nós. A leveza nos diz que não precisamos comprovar nada a Deus. Por isso, não é nenhuma catástrofe quando fracassamos, de vez em quando, pois isso não entristece a Deus. Apenas irrita a nós mesmos, porque não gostamos de ficar aquém de nossas próprias expectativas.

28

Muitas vezes, vivemos orientados por pensamentos e máximas sem perceber. Nossas contradições acontecem em nossa mente ou em nosso coração, sem que as notemos. No silêncio, percebemos tais contradições e nos confrontamos com elas. Descobrimos os pensamentos que nos determinam quando andamos a esmo. Um dito dos Padres do deserto afirma qual remédio devemos usar: contrapor palavras das Escrituras a esses pensamentos e contradições e, assim, superar as tentações. Em nossa procura por palavras curadoras nas Sagradas Escrituras, é importante que sejam frases concisas, que possam facilmente ser lembradas e recitadas. Quando examinamos, nesse sentido, as palavras de Jesus, descobrimos que muitas delas têm esse "poder fascinante" de ditos: "Ninguém pode servir a dois senhores" (Mt 6,24); "Tudo, portanto, quanto desejais que os outros vos façam, fazei-o, vós também, a eles" (Mt 7,12); "[...] deixa que os mortos enterrem os seus mortos" (Mt 8,22); "[...] todo aquele que se exalta será humilhado" (Lc 14,11). É por uma boa razão que muitos ditos de Jesus se tornaram ditos na boca do povo. Comprovaram-se como palavras com as quais podemos aprender e viver.

29

Os anjos que nos acompanham nos iniciam no mistério da vida. Descobrem o sentido quando tudo nos parece sem sentido. Sem interpretações certas, não podemos viver de maneira certa. Do jeito como interpretamos nossa vida, também a vivenciamos. Os anjos nos interpretam a vida da maneira como Deus a vê. Quando cremos em sua interpretação, nossa vida dá certo.

30

Consideramos todas as pessoas que apontam nosso caminho como anjos. Muitas vezes, nós as vemos como anjos da ressurreição que nos dão nova confiança para nos levantarmos da resignação e vivermos uma vida nova.

Compartilhar para crescer

1º

Tudo que não compartilhamos com a comunidade vai lhe faltar em termos de vivacidade. Quando não compartilhamos nossas fraquezas, preferindo escondê-las, a comunidade deixa de desenvolver-se num aspecto importante. Viver em comunidade significa compartilhar tudo, nossas forças e nossas fraquezas. Mas é sempre preciso que permaneça um espaço para nossa própria privacidade. A comunidade somente pode ser constituída quando o indivíduo também tem a possibilidade e o direito de ficar sozinho.

2

Conheço grupos em que cada pessoa tem medo de que a outra possa usar, para seu próprio proveito, alguma idéia compartilhada. Assim não surge diálogo. Todos permanecem na superfície. Ninguém está disposto a compartilhar seus pensamentos. Entretanto, somente quando os compartilhamos e os intercambiamos, novos pensamentos podem nascer. A partilha mútua possibilita o nosso enriquecimento. É preciso compartilhar também nossas experiências espirituais. Somente assim elas se tornam fecundas também para as outras pessoas. Quando escondemos nossas experiências, não podemos desfrutar delas com gratidão. Quando temos medo de compartilhar nossas experiências com outras pessoas, fechamo-nos contra elas e ficamos isolados.

3

Caminham juntos: proximidade e distância, amor e agressão, compreensão e falta de compreensão, plenitude e solidão. São os dois pólos que, somente em seu conjunto, tornam-se fecundos para o ser humano. Sempre que alguém vive apenas um desses pólos, passa ao largo da vida e cai em ilusão e engano. Quem procura viver na amizade somente a união empurra o amigo para a distância. Semeia a desunião justamente em sua busca por permanecer unido. Somente quando aceito conscientemente a tensão entre estar junto e estar separado, entre proximidade e distância, entre amor e agressão, ela me leva, a longo prazo, para uma relação viva, para uma união em um nível mais elevado.

4

A verdadeira liberdade manifesta-se na possibilidade de eu poder me abrir livremente para uma pessoa e para seus desejos, sem me vender nem me trair.

5

Abertura no contato com as pessoas significa também honestidade e franqueza. Quando uma pessoa expressa honestamente sua opinião, sabemos como lidar com ela. Pessoas francas são uma bênção. Não farão comentários às escondidas. Perto delas, também podemos nos abrir, pois sua honestidade nos faz bem. Mesmo que nos digam algo desagradável, sabemos que nos amam. Não escondem suas reservas e preconceitos por trás de uma fachada boazinha. Mostram-se como são. Têm coragem de nos dizer a verdade, porque se sentem livres. Não dependem de nosso consentimento. Estão fundamentadas em si mesmas; por isso, podem aceitar, em sua atitude de franqueza, o fato de alguém se afastar delas porque não gostou da crítica. Que o anjo da franqueza lhe dê a honestidade e a franqueza necessárias para que você possa dizer a outras pessoas, com liberdade interior, o que sente em seu coração.

6

Uma pessoa honesta nos obriga a enfrentar a verdade de nosso próprio coração. Perto dela, não podemos nem precisamos nos esconder, pois pessoas assim têm coragem de mostrar nossa própria verdade.

7

Quando duas pessoas se dão bem, significa que nenhuma usa a outra para seus próprios interesses e que ambas cuidam do bom relacionamento mútuo. Isso só funciona quando cada uma se dá bem consigo mesma. Só posso me dar bem com meu amigo quando me dou bem comigo e tenho suficiente autoconhecimento.

8

Um motivo freqüente para o fracasso de muitos relacionamentos são as exigências rigorosas que temos com relação à outra pessoa. Esperamos que ela seja perfeita, sem falhas, que adivinhe nossos desejos, cuide de nós e nos dê abrigo e aconchego. Também esperamos dela o que não temos dentro de nós. Contudo, isso sobrecarrega tanto a pessoa como nosso relacionamento. Somente quando somos capazes de contemplar com um olhar terno as fraquezas da outra pessoa, podemos conviver com ela. E somente quando tivermos um coração aberto, em que a outra pessoa, em sua particularidade, encontra espaço, será possível um relacionamento de amizade.

9

Antes de ajudar as pessoas a se reconciliarem ou pacificar brigas entre grupos inimigos a seu redor, você precisa reconciliar-se consigo mesmo e viver em harmonia com as pessoas que estão em seu entorno. Isso não significa que você deva reprimir todos os seus sentimentos e necessidades, a qualquer preço. Ao contrário, se você esconde sua irritação para manter a paz, nunca estará verdadeiramente reconciliado com a pessoa que lhe causou essa irritação. Você precisa levar a sério seus sentimentos, mas não deve julgá-los, pois todos têm algum sentido.

10

Quando nos sentimos vivos somente por causa de determinada pessoa, isso ofende nossa dignidade. Nesse caso, não vivemos por nós mesmos, mas apenas pela graça de uma pessoa. Ganhar presentes é algo maravilhoso. Mas sentir-se incapaz de viver pelas próprias forças, e ficar sempre esperando que a pessoa venha para que possamos sentir a nós mesmos, leva a uma total dependência, que irrita, porque nos tira a dignidade. Entretanto, é também preciso que tenhamos muita paciência conosco e com nossos sentimentos, pois tal liberdade não pode ser conquistada mediante um simples ato da vontade. Antes, encontra-se no fim de um longo processo. Nesse processo de libertação, trata-se de receber com gratidão os presentes e integrá-los sempre mais em nossa vida. Assim, poderemos sentir melhor a nós mesmos e descobrir nossas qualidades, despertadas por outra pessoa. E quanto mais sentimos a nós mesmos e estamos conosco, mais livres somos.

11

Uma pessoa que me compreende sem me julgar nem condenar tem um efeito curador e libertador sobre mim. Finalmente, posso dizer o que me angustiava há tempos e o que vivia escondendo por vergonha, porque não correspondia aos meus conceitos morais. No momento em que verbalizo isso diante de uma pessoa, seu efeito envenenador se esvai. Não preciso mais mobilizar toda a minha energia para esconder o que não é agradável, o que não pode ser dito. Isso passa do esconderijo para a luz, e assim pode ser transformado.

12

Quem está em sintonia consigo mesmo também pode criar harmonia em torno de si. Essa harmonia, porém, não será criada por mera harmonização, mas pela aproximação de todas as opiniões e pontos de divergência de todas as pessoas que defendem pontos de vista diferentes. Nada será abafado sob panos quentes. Os diferentes pontos de vista serão contemplados e formulados com clareza sempre maior. As opiniões serão respeitadas e não imediatamente julgadas. Haverá uma discussão aberta. Os problemas serão discutidos até que tudo se aproxime e que todas as pessoas possam aceitar uma solução com a qual possam viver, que não destrua sua própria harmonia. Não haverá harmonização artificial, mas será encontrado um caminho pelo qual poderemos avançar juntos, não obstante os pontos de vista controversos.

13

Amar não significa, em primeiro lugar, ter sentimentos de amor. Em alemão, *lieben* (amar) vem de *liob*, "bom". Primeiro precisamos da fé, do bom olhar, para depois podermos amar, tratar com bondade. Para amar é necessário, primeiro, um novo modo de olhar. Peça primeiro que seu anjo do amor lhe dê novos olhos para que você possa ver, sob nova luz, a si mesmo e as pessoas que estiverem ao seu redor e descobrir o bom cerne que existe em você e nas pessoas.

14

Bondosa é a pessoa que nos ama. Uma pessoa bondosa irradia calor humano. Seu olhar e suas palavras demonstram que seu coração é bondoso e que a bondade existente dentro dela venceu. A bondade se irradia a partir de uma alma que é boa em si mesma, que está repleta de um espírito bom, que está em sintonia consigo mesma. Quem experimenta sua alma como boa crê também no bem que existe nas pessoas. E quando vê o bem na outra pessoa, também a trata bem. Mediante sua conduta bondosa, despertará o cerne bom de uma pessoa.

15

Justamente as pessoas que querem controlar tudo – seus sentimentos, suas relações com seus parceiros, suas palavras e atos, por medo de cometer erros e de passar vergonha – são incapazes de se entregar. Falta-lhes um aspecto essencial para a vida dar certo. Quem não consegue se entregar fica sempre solitário, incapaz de se encontrar com o outro. Sem entrega, não é possível amar; sem entrega, não é possível viver.

16

Nenhum de nós enxerga o outro de modo objetivo. Na maioria das vezes, o enxergamos através dos óculos de nossas projeções negativas. Projetamos para dentro de outro nossos defeitos e nos fixamos neles. Nem percebemos como estamos restringindo a pessoa e enxergando-a de modo unilateral. Crer quer dizer: olhar para o outro com bons olhos, com olhos capazes de descobrir a bondade que há nele. Também aqui, a questão é esta: qual olhar é mais justo e mais realista? Nossas projeções negativas não caem simplesmente do céu. Sempre têm algum aspecto de verdade na pessoa do outro. Nesse sentido, são em certa medida objetivas. Mas o problema é que olham para o outro somente a partir de uma única perspectiva: a negativa. Quando olhamos com bons olhos para uma pessoa, isso não significa que deixamos de ver os seus aspectos negativos. Apenas olhamos através do negativo para o cerne bom que há na pessoa.

E esse cerne bom existe também de modo objetivo. Apenas, muitas vezes, deixamos de enxergá-lo.

17

O amor não só trata bem o outro, como também o torna um bem. Desperta para a vida o bem que a fé descobriu em sua reinterpretação da realidade. O amor transforma a realidade, modela-a bem, faz aparecer o bem que existe nela. A fé reinterpreta; o amor transforma.

18

Em cada pessoa sempre há algo — ao lado de seus defeitos e fraquezas — que pode ser elogiado. Desconsiderando algo de negativo e destacando algo de positivo, faço uma reinterpretação do outro. Não quero mudá-lo; apenas tento enxergá-lo com outros olhos. Isso transforma pelo menos a mim mesmo. E essa transformação será percebida também pelo outro.

19

Por mais maltratada que seja a palavra "amor", toda pessoa anseia por amor, no fundo de seu coração. Anseia por ser amada, incondicionalmente, por outra pessoa. Fica feliz quando se apaixona e é correspondida. Nessa situação, algo começa a florescer. De repente, seu rosto irradia alegria. A pessoa sabe que é aceita e amada, incondicionalmente, pelo namorado ou pela namorada, pelo amigo ou pela amiga. O amor, segundo os contos de fada narram, é capaz de fazer pessoas petrificadas voltarem à vida. É capaz de fazer animais se tornarem novamente seres humanos. Além disso, ele transforma pessoas que estavam dominadas por um impulso — é isso que os animais significam nos contos de fada —, que estavam enfeitiçadas por uma bruxa má ou por projeções inimigas, em belos príncipes e princesas que são amáveis e desejáveis, que são felizes e capazes de tornar as pessoas felizes.

20

Quem se tornou amor ama tudo que existe ao seu redor. Vai com amor ao encontro de cada pessoa e desperta a vida em cada uma delas. Toca cada fio de grama com respeito e amor. Entende a história do Talmude de que Deus deu a cada fio de grama seu próprio anjo, para que pudesse crescer. Contempla o pôr-do-sol com amor. Sente-se amado por Deus, de modo que o amor de Deus passa por ele. Tudo que faz é marcado por esse amor. Seu trabalho acontece por amor. Quando canta, canta porque ama, porque seu amor procura uma expressão. Desde os tempos mais antigos, fala-se justamente no contexto do amor do anjo do amor. Digo à pessoa que me ama: "Você é um anjo!". Quando sinto amor, tenho a sensação de que um anjo entrou na minha vida.

21

Hoje em dia, muitas relações conjugais não dão certo porque cada pessoa se fecha em si mesma por medo de entregar-se. É o medo de perder a liberdade, medo de que a outra pessoa possa fazer com ela o que quiser, medo de que fique entregue à sua arbitrariedade e, em última análise, à sua malignidade. Porém, sem essa entrega, nenhuma relação pode dar certo, pois cada pessoa tentaria apenas temerosamente controlar a si mesma e suas emoções, suas palavras e atos, para, sob hipótese alguma, entregar-se nas mãos do outro. Assim não pode haver confiança. Entregar-se não significa abandonar-se. Posso me entregar somente quando estou em contato comigo, quando sei quem sou. Mas, ao mesmo tempo, reside um risco nessa entrega. Dou um salto para fora da segurança que sinto quando estou fechado em mim mesmo e me entrego nas mãos de uma pessoa. Isso só funciona quando sei que ela não é um demônio, mas um anjo que me protege e me carrega em suas mãos, um anjo que me ama.

22

A palavra "terno" transmite a idéia de amoroso, amado, precioso, familiar, corpóreo, fino, belo, suave. Você pode tratar uma pessoa com ternura somente quando aprende a amá-la. Assim, não a molestará, não a criticará, não a tocará com brutalidade, nem a forçará a revelar todos os seus segredos. Você se aproximará terna e cuidadosamente dessa pessoa. Sua fala e sua maneira de tratar outras pessoas podem ser ternas. Numa atmosfera de ternura, em que a pessoa se sente respeitada e preciosa, em que pode descobrir sua beleza, os sentimentos podem se expressar também em gestos de ternura, em um toque terno, em um afago terno, em um beijo terno. Em tais expressões de ternura, o amor flui entre as pessoas, um amor que não retém, que não exige posse, que deixa livre, que respeita a privacidade da outra pessoa.

23

Quem ama uma pessoa entrega-se a ela. Não quer ficar somente consigo mesmo. Quer ficar com a outra pessoa. Quer se entregar a ela porque ela significa tudo. Essa entrega permite que haja a experiência de uma nova riqueza. Quem se entrega à pessoa amada ganha tanto com esse amor, que se sente mais rico, mais vivo, mais livre do que antes.

24

Em alemão, quando chega uma pessoa alegre, dizemos: "Agora, o sol está nascendo!". Existem filhos e filhas do sol, que esparramam alegria e vivacidade em todo lugar. Desejo que você possa se tornar sol para as pessoas. Talvez você já tenha feito essa experiência quando alguém lhe disse: "Hoje você está irradiante como o sol. Quando você entrou na sala, ela ficou mais clara e aquecida. O sol nasceu entre nós com sua alegria e seu brilho. O dia ficou melhor para nós".

25

Você precisa do sorriso da criança, do humor refinado do adulto que, em seu coração, permaneceu criança, para poder aceitar e amar a si mesmo. Quem se leva demasiadamente a sério vai se engrandecer e se comportar como figura importante, ou se desprezar e se tornar mais insignificante do que é, na verdade. Amar a si mesmo significa amar-se como você é.

26

A liberdade diante das expectativas de outras pessoas e a liberdade da atitude de girar em torno de si mesmo são condições para o amor. Apenas a pessoa que se tornou livre de si mesma poderá se dedicar sem egoísmo a outras pessoas. Não misturará motivos egoístas com sua dedicação, como acontece tantas vezes. Estará livre para pensar somente na sua própria fama, no elogio e no reconhecimento que a dedicação lhe trará diante das pessoas.

27

Sei que preciso das pessoas para seguir meu caminho. Abro-me para elas, mas volto a abrir mão delas, sem me agarrar nelas. Essa tensão existente entre liberdade e compromisso, entre estar livre e comprometido com as pessoas, pertence essencialmente à nossa vida. Somente quem é livre é capaz de se comprometer. Quem é dependente precisa da outra pessoa por causa de seus próprios interesses. E quando precisamos de uma pessoa, nós a usamos e, assim, ferimos sua dignidade.

28

O amor não fecha os olhos diante da realidade, mas ultrapassa os níveis em que as pessoas vivem se irritando mutuamente. O amor olha para além do visível, para o invisível do outro, para suas boas intenções, para seu interior, para suas possibilidades positivas. E o trata a partir desse nível. Assim, muitas irritações podem ser relativizadas. Já não são tão terrivelmente importantes. Não são negadas nem reprimidas, mas aceitas e transformadas.

29

O amor verdadeiro não apresenta condições às pessoas. Constata muito tranqüilamente que há nelas não só insatisfação, agressividade, busca de poder, procura de reconhecimento, intrigas, mas também anseio pelo bem. O amor não ilude, apenas transforma os fatos. Desperta o bem numa pessoa abatida e doente. O amor não tem medo do conflito, pois transpõe o nível dos conflitos. Até em situação de conflito, pergunta o que é realmente bom para a pessoa. Ao transpor o nível da irritação, o amor não se prende às emoções provocadas por um conflito, mas permanece conseqüente na busca de uma solução verdadeira.

30

Somente quando você conserva e medita em seu coração sua própria privacidade e a de seu cônjuge, de seus filhos e filhas, pode se sentir em casa, em sua família, apesar de todo o constrangimento e de toda a distância entre seus membros. Sentir-se em casa só é possível no lugar em que mora a privacidade.

31

Apresente ao seu anjo do amor tudo o que está dentro de você, como a raiva e o aborrecimento, o ciúme e o medo, a falta de vontade e a decepção, pois tudo isso é transformado pelo amor.

Descobrir a integridade interior

Junho

1º

De acordo com Mark Twain, o estresse de nosso tempo é uma expressão da falta de objetivo e de orientação: "Quando perderam o destino de vista, redobraram seus esforços". Quem tem um objetivo diante de si vai, conseqüentemente, na direção dele, sem se apressar. Quem não sabe qual é seu objetivo, tenta preencher o vazio interior com muitas atividades. Sente-se importante porque tem muita coisa para fazer. Quer provar a si mesmo que a vida tem sentido, pois vive ocupado com coisas importantes. Contudo, quando olha bem, descobre que o objeto de sua ocupação, muitas vezes, é vago. Suas atividades visam apenas encobrir o vazio que espreita, como abismo perigoso, por trás da agitação. Paul Virilio expressou essa experiência assim: "A velocidade provoca o vazio, o vazio provoca a pressa". Quanto mais ocupada uma pessoa é, mais cresce o vazio em seu interior. E ela tenta preencher esse vazio novamente com atividades. Assim, surge um círculo vicioso do qual ela não consegue sair.

2

Em nossa atitude interior, ficamos o tempo todo no palco e tentamos descobrir o que devemos dizer e fazer para ganhar o devido aplauso. Quem é obcecado em procurar a própria fama vive com medo constante da opinião das pessoas. Temos medo de não corresponder às suas expectativas. Imaginamos temerosamente se as pessoas são capazes de descobrir nossos defeitos e fraquezas. Assim, não podemos nos encontrar com elas tranqüilamente. Esforçamo-nos para apresentarmos uma boa imagem. Somos conduzidos pelo nosso exterior. E enquanto estamos nas mãos das pessoas, ficamos sempre divididos, sem viver a partir de nosso próprio centro.

3

O que determina muitas pessoas é algo como um vício. Elas não conseguem desfrutar o que têm. Perderam seu próprio centro, perderam sua própria medida; assim, tomam como referência outras pessoas e tentam se sair melhor do que elas. Dessa forma, são determinadas pelas necessidades dos outros, em vez de aceitarem seus limites e seu modo de ser. Somente quem é comedido pode encontrar a calma. Somente quem conhece sua própria medida pode dizer "não" às necessidades que lhe são impostas pelo mundo exterior.

4

Parece que uma das sensações básicas do nosso tempo é estar dilacerado. Muitas pessoas se sentem interiormente diceradas. Têm a impressão de que estão sendo empurradas de um lado para o outro, pelas muitas expectativas dirigidas a elas, na profissão, na família, na paróquia, na vida pública. Muitas vezes, não sabem qual é seu papel. Mudam de papel tão freqüentemente, que já nem sentem quem verdadeiramente são.

Não se acalmam. Quando voltam do trabalho, à noite, não conseguem desligar-se. A inquietude as persegue até durante o sono. Não conseguem estar consigo mesmas, nem entrar em contato com seu verdadeiro ser. São impelidas de um compromisso a outro. A alma não acompanha a velocidade do corpo para cumprir os muitos compromissos.

Uma história dos antigos monges aborda essa situação de estar dilacerado. O abade Poimen pediu ao abade José: "Dize-me como posso me tornar um monge". José respondeu: "Quando quiseres encontrar repouso, aqui e lá, dize em cada ato: 'Eu — quem sou eu?'. E não julgues ninguém!".

5

Na realidade, a pergunta de Poimen é: "Como posso ser íntegro?". Ou seja: como posso estar por inteiro naquilo que estou fazendo? Como posso viver como pessoa íntegra, que sempre e em todo lugar está unida a si mesma? Como encontro minha integridade diante de tantas coisas que faço e que, muitas vezes, me dilaceram? Além de responder à pergunta que procura pelo seu verdadeiro ser, para além de tantos papéis que desempenha, para além de tantas máscaras que usa, José ainda exige que o jovem não julgue ninguém. Quando julgo alguém, não estou comigo, estou com a outra pessoa. Julgar as pessoas me desvia de mim mesmo. José quer levar o jovem questionador a ficar consigo mesmo. Somente assim ele poderá descobrir quem é verdadeiramente. Somente assim encontrará sua unidade, sua integridade.

6

Seja consciente, seja inconscientemente, de alguma forma acreditamos que merecemos o direito de existir e que devemos apresentar bom desempenho tanto diante de Deus, para sermos aceitos por ele, quanto das pessoas, para sermos agradáveis a elas. Isso pode levar à compulsão do perfeccionismo, que nos impele a evitar qualquer erro.

7

Muitas pessoas se queixam de que nunca conseguem ficar tranqüilas e calmas. Mas não perguntam pelas causas. Querem controlar a intranqüilidade de qualquer maneira e a combatem frontalmente. Mas assim nunca dará certo, pois, quando querem controlar algo, não estão tranqüilas, mas tensas. Você pode experimentar como se sente quando faz algum gesto de controle, por exemplo, ao segurar a porta mal fechada de um carro em movimento. Você fica tenso. Nada pode fluir. Você não consegue ficar tranqüilo, pois precisa dirigir toda a sua força para a porta, para evitar que aconteça um acidente. Isso não é tranqüilidade, mais sim uma paralisação e também uma fixação em algo que, a qualquer momento, pode se soltar e causar perturbação.

8

A ganância nunca deixa o ser humano relaxar, pois a pessoa gananciosa dificilmente consegue ficar feliz com o que tem; está sempre olhando algo que gostaria de ter. Dias a fio fica matutando se não deveria comprar ainda isso ou aquilo. Mas, no momento em que efetua a compra, desaparece toda a alegria. Começa logo a próxima necessidade que, de novo, não lhe permite descansar até ser satisfeita por mais uma compra. Há pessoas que são verdadeiras compradoras compulsivas. No entanto, não há nada de errado na posse de alguma coisa. Em última análise, o anseio de posse nasce do desejo de poder viver em segurança, de poder repousar. A posse é a promessa de repouso. Muitas pessoas, porém, são obcecadas por suas posses a ponto de serem compelidas a possuir sempre mais. Não têm riqueza suficiente dentro de si, por isso a procuram no mundo exterior.

9

A sensação de que não sou eu que vivo, mas "sou vivido", determinado e formado por outras pessoas, torna-me insatisfeito. Nessa situação, seria o amor-próprio que deveria lidar melhor com o tempo que tenho e com seus desafios e transformar aquilo que vem de fora em algo que é meu. Quando temos a impressão de sermos determinados pelas pessoas, de sermos sufocados pelos compromisssos, experimentamos a alienação. Algo estranho determina nossa vida. É o amor que deve transformar o elemento estranho em algo que é meu.

10

A preocupação nos impele a trabalhar, ganhar a vida e aumentar as posses, para que, algum dia, possamos viver com calma e em segurança.

Jesus tem outra idéia do ser humano. O ser humano não deve ser alguém que se preocupa, mas que confia, que se sabe abrigado na confiança no Pai que cuida dele.

No Sermão da Montanha, Jesus convida seus discípulos e discípulas a não se preocuparem: "[...] não vivais preocupados com o que comer [...], quanto à vossa vida; nem com o que vestir, quanto ao vosso corpo [...]. Quem de vós pode, com sua preocupação, acrescentar um só minuto à duração de sua vida?".

11

Uma das imagens do Espírito Santo é o fogo, a chama, símbolo da vivacidade. O Espírito repousa nos discípulos e discípulas em forma de línguas de fogo. Quando dizemos que há um fogo ardendo dentro de uma pessoa, queremos dizer que ela é vivaz, cheia de força, que seus olhos brilham, que ela irradia vida, amor, alegria. Pentecostes é a festa da nossa própria vivacidade. Desejamos ser verdadeiramente vivazes. Desejamos amar de verdade. Muitas vezes, sentimo-nos vazios, esgotados, entediados, sem sentimentos, sem elã. Sentimos que não temos força suficiente para seguir adiante. Quando admitimos essa experiência, sentimos o desejo de ter uma fonte de vida que não seque, uma força que não se esgote, uma chama que não se apague. Esse desejo nos faz sentir que deve haver algo como o Espírito Santo, um Espírito que vem de Deus e, não obstante, está dentro de nós, que compartilha a abundância da vida e a reparte conosco.

12

"Não ter nada, desfrutar de tudo" — assim podemos descrever a atitude de pessoas sábias de todas as religiões, de todos os tempos. Somente quem não atrela seu coração a algo que foi criado e abre mão das coisas às quais outras pessoas se amarram é verdadeiramente livre.

13

Em nosso trabalho, vivemos correndo atrás de identidade, de auto-afirmação e, por isso, ele nos sobrecarrega. Se fizéssemos nosso trabalho simplesmente como nossa tarefa, como trabalho para servir, e não para obter reconhecimento, viveríamos com menos tensão e irritação e renderíamos mais. Com nosso trabalho, queremos conseguir muitas coisas que não fazem parte dele: sermos reconhecidos pelas pessoas, elogiados e considerados, e provar a nós mesmos que somos capazes, que nosso trabalho tem valor. Essas intenções paralelas consomem muita energia.

14

Perguntaram a um monge do deserto por que nunca tinha medo. Ele respondeu: "Porque todo dia penso em minha morte". Pensar na morte tirou dele o medo da ameaça das pessoas, do aniquilamento por doença ou acidente, do fracasso e da rejeição. Em última análise, o medo que nos atormenta tanto, hoje em dia, tem sempre algo a ver com a morte. Temos medo de que pessoas amadas sejam tiradas de nós. Temos medo de adoecer e de morrer. Temos medo de fracassar e de não corresponder às expectativas das pessoas. Temos medo de sermos envergonhados e rejeitados. Quando penso na morte, já não é tão importante o que os outros pensam de mim. Já não me preocupa se faço sucesso ou não. Diante da morte desvanece a presunção de realizar algo de importante.

15

A preocupação baseada no medo escurece o espírito. É verdade que isso me faz cuidar do meu futuro, mas não me permite atuar de modo sensato. O medo me compele a gastos e seguranças insensatas. Jesus quer nos libertar desse tipo de preocupação, para que possamos assumir, de modo sensato, a responsabilidade por nós e por nossa família. A arte encontra-se no fato de preocupar-se com o futuro e, ao mesmo tempo, desprender-se dessa preocupação. Devo fazer o que está ao meu alcance; o resto devo deixar confiantemente com Deus.

16

Compromisso não é o oposto de abertura. São dois pólos necessários para viver adequadamente. Quando um deles é eliminado, perde-se o equilíbrio. Se quero ficar somente aberto para algo novo, nunca passarei por uma porta. E chegará a hora de eu me encontrar diante de todas as portas fechadas. Quando vivo somente de compromissos, eles me sufocam. Preciso de ambos os elementos: o compromisso e a liberdade de começar algo novo.

Porém, quem tem tanto medo do compromisso a ponto de evitar qualquer relacionamento, nunca crescerá. Sobretudo, não poderemos viver como comunidade se ninguém estiver disposto a assumir um compromisso.

17

Como vou lidar com o meu dia e com seus desafios, é uma decisão minha. Posso achar que tudo que vem ao meu encontro é uma sobrecarga, que não estou a fim de nada, que nada faz sentido, que não tenho o apoio de ninguém etc. Essa visão tornará meu trabalho um verdadeiro fardo. Vou me sentir sobrecarregado e cansar-me facilmente. O corpo ficará estressado e tenso, e um médico diagnosticará esses sintomas físicos como sinais de sobrecarga. No entanto, a causa não são os fatos, mas minha atitude. Quando considero o meu dia como um desafio da parte de Deus, como aquilo que Ele confia a mim, mas que ele também acompanha, quando aceito meu dia como uma chance de espalhar uma boa vontade por meu entorno, de ajudar as pessoas em seu trabalho, quando fico contente porque posso me abrir para algo novo, então trabalharei numa atmosfera positiva e não me cansarei tão facilmente. Enfrentarei meu trabalho com originalidade, de maneira criativa. Descobrirei novas possibilidades, mesmo num trabalho monótono, e poderei criar algo novo.

18

Quando nosso cotidiano é preenchido somente com relacionamentos funcionais, pragmáticos, utilitaristas, ficamos doentes. Nossa vida espiritual pode funcionar, mas já não vai irradiar nada da bondade de Deus e de seu amor para as pessoas. Para a nossa vida espiritual ficar sadia e viva, precisamos ter bons relacionamentos, lúdicos e cheios de calor humano, aos quais dedicamos nosso tempo. Uma amizade verdadeira fecunda também a vida espiritual.

19

O amor que aceita o outro é menos cansativo do que a constante pressão de precisar vencê-lo. Quando consigo ultrapassar os níveis de vitória e derrota, evito a luta permanente com a necessidade de auto-afirmação. De repente, posso descobrir muitas possibilidades de lidar com o outro e ficar feliz com seu valor. Isso não diminui meu próprio valor; ao contrário, permite-me participar de sua riqueza. É fundamental ter muita criatividade para ultrapassar a opção entre vitória e derrota e, assim, chegar a uma solução de outra ordem. Mas é característico do amor orientar-se pela intuição, inventar soluções cheias de criatividade, descobrir novos caminhos, novas possibilidades. O amor torna-se inventivo. Às vezes, é também um pouco extravagante. Mas suas soluções extravagantes são mais humanas do que o infinito jogo de vitória e derrota.

20

Ficamos preocupados em ter dinheiro suficiente para fazer tudo o que quisermos. Porém, sentimos que isso nunca é suficiente e não conseguimos romper o círculo vicioso de precisar sempre de mais coisas. A consciência disso manifesta-se em nossos pensamentos. Mas suas raízes são mais profundas. É um ímpeto nato que, sem dúvida, é também necessário para que possamos viver com responsabilidade. Ele apenas se torna freqüentemente exagerado. Se verificássemos nossos pensamentos e nossas contradições, veríamos em que medida o desejo de posse e o de reconhecimento estreitamente vinculados são exagerados e nos tornam interiormente irrequietos e insatisfeitos.

21

A pessoa sábia pensa não somente com a razão, mas também com o coração. Assume, de coração aberto, a oportunidade que se oferece e vê as finas nuanças que permanecem escondidas a muitos espíritos menos refinados. Sabedoria é a sensatez prática que transforma o saber em uma ação adequada à realidade. Assim, o muito saber adianta pouco quando você não percebe o que é certo, em um determinado momento.

22

É verdade que o objeto do meu trabalho é preestabelecido. É um fato que não posso mudar. Mas depende de mim *a maneira* como eu o executo. À medida que eu me aproprio da *maneira*, do *como*, posso transformar também o objeto, o *quê*. Uma pedra que estou talhando se torna expressão de meu íntimo. O trabalho preestabelecido é uma espécie de pedra que posso transformar através de meu trabalho, para ser a expressão do meu íntimo. O amor dá forma e transforma o preestabelecido em uma parte de minha pessoa.

23

Quem educa crianças sabe que efeito pode ter uma palavra de elogio. Quando o elogio nomeia algo de bom em uma pessoa, desperta isso para a vida e o traz à tona. O elogio não esquece que na pessoa existem também lados negativos que de modo algum devem ser louvados. Mas ele se volta conscientemente para o que há de bom. Traz o que é bom para o nível da palavra e, com isso, para a vida. Pois também aqui vale a idéia de que dar nome é dar existência. O ato de dizer algo cria uma parte daquilo que é dito.

24

Ao mesmo tempo em que fazemos, interpretamos o que estamos realizando. Não estamos simplesmente fazendo o nosso trabalho, mas também comentando-o. Esse comentário sobre tudo influencia nosso humor. O comentário que emitimos sobre nosso trabalho depende de nosso humor, como também pode determiná-lo. Quando comentamos nossa vida de modo negativo, estamos de mau humor. E vice-versa: quando conseguimos descobrir os aspectos bons do nosso trabalho, este nos trará alegria.

A decisão sobre os comentários que queremos fazer de nossa vida é nossa.

25

Sempre que faço meu trabalho diante de Deus, ele se torna oração. Quando estou trabalhando na presença de Deus, estou lhe respondendo com minha atuação; posso me dedicar inteiramente ao trabalho, pois a entrega ao trabalho acontece na obediência diante de Deus e como resposta à sua presença. Também aqui, a presença de Deus marca meu jeito de trabalhar. Quem trabalha com pressa e sem atenção ou quer resolver tudo de uma só vez vai constantemente sair da presença de Deus. Para ter a presença de Deus no trabalho, é fundamental ter calma, partir do próprio centro, permanecer compenetrado, sem pressa, entregando-se totalmente ao que estiver executando.

26

Muitas pessoas violam seu biorritmo. Uma organização saúdavel de nosso dia tem um efeito terapêutico sobre nós e, no fundo, nos torna mais produtivos. Ordenamos as horas de oração e de trabalho de tal maneira que correspondam ao nosso ritmo natural. Dessa maneira, não precisamos nos obrigar, continuamente, a fazer algo que contradiz nosso ser. Quem mantém por muito tempo uma organização saúdavel do dia consegue sentir que isso faz bem tanto para o corpo quanto para a alma. Em última análise, o *ora et labora* (ora e trabalha) beneditino quer dizer que uma vida espiritual sáudavel não é possível sem um estilo de vida saudável.

27

O estilo de vida saudável tem a ver não só com a boa distribuição do nosso tempo, mas também com a maneira como fazemos as coisas importantes do nosso dia. Tem a ver, por exemplo, com a postura corporal no trabalho. Estamos tensos, ou estamos atentos ao nosso centro, de modo que podemos trabalhar a partir dele? Quais pensamentos e sentimentos nos acompanham, quando trabalhamos? Permitimos que ocorram à vontade, ou tentamos conscientemente influenciá-los de modo positivo? Estamos ligados a Deus, também no nosso trabalho, ou permitimos que nosso coração esteja em qualquer lugar? Estamos presentes, inteiramente ligados ao momento presente, ou distraídos, perdidos?

28

Um caminho para passar da intranqüilidade à tranqüilidade é perceber, conscientemente, tudo o que é relevante e viver cada momento com atenção. Assim, não luto contra minha falta de tranqüilidade; eu a percebo conscientemente, estou atento às coisas que acontecem dentro de mim. Minha intranqüilidade transforma-se de imediato por meio dessa atenção cuidadosa. Permito que a intranqüilidade exista, em vez de lutar contra ela. Assim, ela continua presente, mas já não me domina. Olho-a. Dou-lhe o direito de ser, mas não o de me dominar. Meu ponto interior que olha para a intranqüilidade já não é afetado por ela. Faço amizade com ela. Isso a tranqüiliza mais do que se eu lutasse violentamente contra ela. Estou atento ao modo como ela se manifesta em meus pensamentos e em meu corpo. Observo como ela emerge, como fica mais forte, como volta a diminuir. Percebo minha intranqüilidade conscientemente, sem ser dominado por ela. Desse modo, posso ficar tranqüilo, mesmo em meio à intranqüilidade.

29

Prestar atenção à respiração é uma atitude que conduz a consciência ao nosso interior e gera calma. Enquanto nos concentramos na mente, nunca estamos calmos, pois é difícil acalmá-la. Os pensamentos vivem pipocando. Quando expiramos, podemos imaginar que fazemos sair todos os pensamentos que sempre surgem. Quando fazemos isso por algum tempo, tornamo-nos interiormente calmos.

30

A calma começa na alma. É o interior que precisa ficar calmo. Assim, a calma terá também seu efeito sobre o corpo. Quando o coração se acalma, realizamos todas as nossas ações com calma, pois todos os nossos movimentos nascem de uma calma interior. Participamos na calma criadora de Deus.

É preciso desacelerar!

1º

"Quem inventou a pressa foi o diabo", diz um ditado turco. Em alemão, usa-se a expressão "calma celeste". Não somente os nervos ficam à flor da pele, sob estresse constante, como também nossa alma fica prejudicada e sofre com a agitação ou a pressão "sem piedade" de economizar tempo. Quando tudo precisa se tornar sempre mais rápido, quando precisamos economizar cada minuto possível num processo de trabalho, quando não pode haver nenhuma pausa, quando tudo fica sempre mais veloz, é preciso um contrapeso: a descoberta da lentidão. Podemos redescobrir muita coisa boa por meio da lentidão e da calma. O que precisamos não é de aceleração, mas de desaceleração.

2

"Era uma vez um homem que ficou tão chateado com a visão de sua própria sombra e tão infeliz com seus próprios passos, que decidiu deixá-los para trás.

Ele disse a si mesmo: 'Vou correr para longe deles'. Assim, levantou-se e correu. Mas cada vez que punha um pé no chão, tinha dado novamente um passo, e sua sombra o seguia sem dificuldade. Ele disse a si mesmo: 'Preciso correr mais rápido'. Assim, correu sempre mais rápido, correu até cair morto. Se ele simplesmente tivesse ficado à sombra de uma árvore, teria se livrado de sua própria sombra, e se tivesse se sentado, seus passos não teriam mais existido. Mas isso não lhe ocorreu."

Hoje em dia, não ocorre a muitas pessoas a idéia de simplesmente sentar-se à sombra de uma árvore. Elas preferem correr de si mesmas, como o homem do conto que nos foi transmitido por Djuang Dsi. Porém, quem corre de sua própria sombra, corre para a própria morte. Nunca alcançará a calma.

3

Há pessoas que nunca se acalmam porque, em última análise, têm medo de ficar sem fazer nada de vez em quando. Têm medo de ser confrontadas, no silêncio e na calma, com a própria verdade. Quando não tenho nada com que me ocupar, toda a decepção da minha vida vem à tona, eu descubro que minha vida anda toda errada, que todo o meu empenho pelos outros perdeu o sentido. Continuo fazendo o que faço apenas para fugir do meu desespero. Mas, no fundo, já não acredito que aquilo que faço e pelo qual vivo tem sentido. Tudo é vazio. E vivo correndo desse vazio. Ou minha consciência se manifesta de outra forma. Sentimentos de culpa emergem e tenho medo disso. Por isso, fujo do silêncio e da calma. O pior que me pode acontecer é ser confrontado com minha própria verdade. Visto que quero evitar isso, a qualquer preço, vivo constantemente ocupado, sempre fazendo alguma coisa. Assim, também o tempo livre se torna estressante. Vivo tapando o vazio, também no tempo livre, com incontáveis atividades.

Pessoas que se esquivam de sua verdade vivem numa constante fuga de si mesmas. Além disso, queixam-se de que vivem muito estressadas. São elas que produzem seu próprio estresse. Não podem ficar calmas porque, no fundo de seu coração, não querem, pois um profundo medo as agita constantemente.

4

Muitas pessoas tornaram-se escravas de suas atividades. Precisam sempre ter algo para fazer. O pior que lhes pode acontecer é que não tenham nada para fazer, nada para se defender contra a verdade que pode emergir.

Poderemos ficar livres somente se enfrentarmos nossa própria verdade. É claro que isso dói, no início, pois percebemos quantas coisas reprimimos e quantas vezes fechamos os olhos porque a realidade não era como queríamos que fosse. Poderemos enfrentar nossa própria verdade, sem medo, somente se acreditamos que tudo o que está dentro de nós está abrigado no amor de Deus.

5

Não estamos contentes com aquilo que estamos vivendo neste momento. Mas, ao mesmo tempo, temos medo de partir ou de desfazer algo que nos é familiar e arriscar uma reviravolta, interna e externa. Contudo, somente poderemos experimentar a vida quando estivermos dispostos a sempre nos pôr a caminho.

6

A palavra "aventura" vem de *advenire*, "advento, chegada". Quando Deus chega até nós, é uma aventura que faz desmoronar nossas certezas rotineiras e nossas seguranças. Há muitos contos que narram que uma pessoa estava esperando a chegada de Deus e preparou um banquete solene. Mas vieram os outros, para atrapalhar. Um pobre chamou-a e pediu uma ajuda; foi mandado embora. Um menino se aproximou, mas também foi enxotado porque atrapalharia a espera de Deus. A verdade, porém, é que Deus veio nessas pessoas humildes. Nós estamos tão fixados apenas em nossas imagens de Deus, que perdemos sua vinda. Vivemos esperando o sensacional e não percebemos como Deus vem até nós, a cada dia, nas pessoas que nos pedem algo, nas pessoas que nos presenteiam com um sorriso.

7

O caminho é uma metáfora bem conhecida para a nossa vida. Desse modo, sonhamos muitas vezes que estamos andando por caminhos desconhecidos, ou conhecidos que, de repente, desaparecem. Andamos errantes, desesperados, procurando algum destino, uma cidade, uma casa. Ou ficamos parados, paralisados, incapazes de dar um só passo. Todas essas imagens se relacionam com a situação atual de nosso caminho de vida. Seria importante fazermos um exame de consciência e perguntarmos a Deus o que ele nos quer dizer, por meio dessas imagens, sobre nosso estado real, atual, e quais os passos que deveríamos dar.

8

Caminhar na natureza tem um efeito curador, especialmente para pessoas que têm tendências depressivas. Em vez de ficarem sentadas, matutando, as pessoas deprimidas deveriam andar para cansar o corpo. Pensar não adianta; na maioria das vezes, somente leva a um círculo vicioso que a pessoa não consegue interromper. Quando caminho na natureza, ouso dar um passo para fora desse círculo vicioso. Não fico preso à mente, ao pensamento, ao matutar, nem a uma atitude que não permite que eu me perceba, me sinta e me faça ficar ao lado de mim mesmo, olhando para mim a certa distância, sem saber quem sou verdadeiramente. Quando caminho, posso me tornar novamente um com o meu corpo. Sinto-o, transpiro, experimento a vida e a força dentro de mim. Sentir essa vida me arranca da depressão que quer me engolir. Quem caminha não permite ser engolido, mexe-se para se soltar do turbilhão de pensamentos que ameaçam e assaltam como uma nuvem escura.

9

Atribui-se ao caminhar a característica de abrir para nós o sentido e o destino da vida. A palavra "sentido" significa originalmente aquilo que se pretende alcançar quando se realiza uma ação; caminhar, viajar, procurar um rastro, dirigir-se a determinado fim ou propósito. Portanto, "caminhar" significa procurar um sentido, perguntar pelo sentido, procurar pelo destino. Quem se põe a caminho quer saber o sentido de sua vida. Ao caminhar, procura o motivo e o destino de sua caminhada. Em última análise, o destino de nossa caminhada nunca se encontra dentro deste mundo; caminhamos sempre rumo a um aconchego último, rumo a um lar em que possamos nos assentar definitivamente. Em seu romance *Henrique de Ofterdingen*, Novalis cunhou esse aspecto do caminhar com a seguinte pergunta: "Então, aonde vamos? Sempre para casa".

10

Quando nós nos perguntamos por que todas as religiões do mundo tomam o caminho como imagem para a vida humana, percebemos que as experiências que pessoas a caminho fizeram e ainda estão fazendo são tão profundas, que valem para a existência humana como tal. Portanto, quando fazemos caminhadas, não se trata só de nos movimentarmos, de exercitar o corpo ou de um passatempo inteligente; o caminhar atinge também as camadas mais profundas da consciência humana. O ser humano se experimenta como um ser que essencialmente está a caminho. Neste mundo, não há um repouso definitivo. A morte mostra ao ser humano que, em última análise, ele é um forasteiro que procura pelo eterno lar em que possa se assentar definitivamente. E o ser humano sente que precisa continuar em seu caminho, que não pode ficar parado sem cair em desunião consigo mesmo. Se quiser permanecer fiel a si mesmo, precisa caminhar. Se quiser se tornar humano, precisa se transformar, caminhando, para, na morte, a última transformação na vida, ficar totalmente compenetrado e transformado pela vida. Só então terá cumprido seu destino; terá chegado; estará em casa. Em sua vida, o ser humano não está em casa; está a caminho de sua casa.

11

Às vezes, o sonho nos leva para uma passagem estreita. Precisamos passar por ela, como no nascimento. Do outro lado da passagem estreita nos espera outra vida, mais intensa. Muitas vezes, estamos também diante de uma encruzilhada. Não sabemos que rumo tomar. Às vezes, setas com nomes estranhos nos indicam o caminho. Elas nos lembram de conteúdos psíquicos que agora devem se tornar conscientes. Às vezes, aparece também um animal que conhece o caminho e que simboliza nosso próprio instinto. Ou aparece uma criança pequena, ou um anjo, que nos conduz com segurança. Depois de tais sonhos, temos muitos motivos para agradecer a Deus, que nos conduz pelo caminho e nos diz o que devemos escutar.

12

A inquietação contém energia. Portanto, não se trata de controlar imediatamente a inquietação que surge dentro de nós. Primeiro precisamos verificar aonde ela quer nos levar. Ela nos mostra que nossa vida ainda não está em harmonia e que ainda não correspondemos à imagem única que Deus fez de nós. Ainda vivemos apertados por um espartilho, que é pequeno demais para nós. A inquietação nos encoraja a soltar nossas amarras e seguir o caminho para a liberdade. Em vez de combater a inquietação, deveríamos aproveitar a energia que nela reside. Assim, ela passará sozinha, depois de cumprir sua tarefa de nos colocar a caminho. Agora já não precisamos dela. Examinaremos bem nossa inquietação: é salvífica, porque não permite que fiquemos parados em nosso caminho e nos conduz para a frente, rumo à nossa humanização e transformação? Ou é não-salvífica, porque nos torna incapazes de viver no momento presente e nos fecha os olhos diante daquilo que seria necessário? Tal tipo de inquietação apenas nos dilacera e não nos leva a lugar algum.

13

Um dos caminhos para chegar à tranqüilidade interior e exterior é jogar fora tudo o que não precisamos verdadeiramente, para que possamos voltar a ter espaço suficiente para viver e desfrutar da calma dentro de nossa casa. Quando todos os espaços estão obstruídos, nenhum deles é convidativo ou serve para descansar. Por todo lado, os objetos nos fazem lembrar para o que ainda nos serve, qual a sua utilidade, para que não fique simplesmente largado em casa. Desse modo, as coisas que compramos nos pressionam freqüentemente: precisamos fazer algo para que a compra não tenha sido à toa. Precisamos nos ocupar com algum objeto, em vez de simplesmente desfrutar do tempo livre, do tempo que nos foi dado.

14

Suportar a si mesmo, sem se distrair, até sem ler um livro, não é nada fácil. Muitas vezes, pensamos que poderíamos aproveitar o tempo e estudar alguma coisa ou resolver algo que está na lista há muito tempo. No entanto, às vezes, o importante é não fazer nada, conscientemente; apenas ficar sentado e se perceber diante de Deus: O que emerge dentro de mim? O que me preocupa verdadeiramente? O que me move interiormente? Talvez eu venha a sentir irritação, medo ou insatisfação. Os antigos monges, ao descreverem suas experiências, comparam sua atuação com a de um pescador: ele fica sentado diante da água, calmamente, e espera um peixe emergir e ser fisgado pela isca. Então ele o puxa para fora da água. O monge deve ficar sentado, assim, no mar de seu coração e esperar os peixes de seus pensamentos e emoções emergirem. Então ele pode fisgá-los e tirá-los da água. A pessoa que contempla calmamente a água de seu coração não pega apenas os peixes que emergem. Também pode contemplar a si mesma, como num espelho.

15

Para a filosofia estóica, nossa vida é uma festa permanente. Festejamos o fato de sermos seres humanos com dignidade especial. Na lentidão de nossos movimentos, manifesta-se algo dessa festa. Lidamos devagar com as coisas, andamos devagar. Reservamos tempo para uma conversa. Perdemos tempo comendo, bem devagar e conscientemente. De repente, percebemos o sabor da comida e desfrutamos dela. Celebramos também uma festa quando mastigamos, bem devagar, uma fatia de pão.

16

Para Agostinho, o caminho para a calma consiste em entrar de novo em contato com nossos anseios e transformar nossos vícios novamente em anseios. No anseio, experimentamos que há, dentro de nós, um cerne que não é deste mundo, mas algo que o transpõe. Quando estamos em contato com nossos anseios, podemos, de repente, aceitar nossa vida como ela é e abandonar as ilusões que construímos a respeito da vida e que nos levaram à insatisfação.

Nossa vida não precisa ser perfeita, nem pode realizar todos os nossos desejos, pois há uma parte que será cumprida somente por Deus.

17

Meus anseios representam um ponto dentro de mim que transpõe o cotidiano. É o ponto de repouso de todas as turbulências de minha vida. Ele me liberta da inquietação de procurar já, aqui, todo o cumprimento de meus desejos. Quando sei que somente Deus pode cumprir meus anseios mais profundos, posso calma e serenamente dizer "sim" para a vida, como ela é, com todos os altos e baixos, com suas limitações e seus obstáculos.

18

Muita gente exige que a vida aconteça sem perigos. Acredita que é preciso ter um seguro contra tudo que é possível, para que nada lhe possa acontecer. Contudo, quanto mais tentamos garantir nossa segurança, mais inseguros ficamos. Aos poucos, vamos deixando de arriscar. Tudo precisa ser seguro. Sem segurança suficiente, nada de experiências. Essa postura nos conduz cada vez mais à paralisação. Somos capazes de sair desse impasse somente quando arriscamos alguma coisa ou estamos dispostos a cometer erros.

19

Quem consegue aceitar também a morte, agradecido, não tem medo dela. Estar livre do medo da morte é a condição para a pessoa se sentir livre. Quem fecha os olhos diante da morte vive constantemente com medo de que, algum dia, ela o assaltará, como um ladrão. O medo o faz fugir sempre mais da verdade de sua morte. Saber que nossa vida não nos pertence, nem temos direito a uma vida longa, que recebemos a vida de Deus e precisamos devolvê-la a ele, é o fundamento mais profundo de nossa verdadeira liberdade.

20

Quando quero ficar verdadeiramente tranqüilo, preciso conversar com minha intranqüilidade e perguntar-lhe o que ela quer me dizer. A intranqüilidade nunca é provocada simplesmente pelas condições externas da vida. Há sempre um motivo dentro de mim.

21

Talvez a minha mente esteja agitada. Os pensamentos vão e vêm. Mas, no meu íntimo, reina a calma. Posso me entregar. Ken Wilber compara a meditação com o mergulho no mar. Na superfície, o mar está agitado. As ondas vão e vêm. Contudo, quanto mais profundamente mergulhamos, mais calma fica a água. A meditação é o mergulho na calma interior que está escondida dentro de nós, no fundo do nosso coração. A expressão "encontrar a calma" significa que a calma já existe, que não precisamos produzi-la. Existe dentro de nós, como um espaço que podemos encontrar e habitar.

22

Quando você faz um passeio pela relva, cheia de orvalho, numa manhã fresquinha, você se sente renovado e mais vivo. Todo o seu corpo ficará revigorado se você andar descalço na relva. O orvalho o convida a ficar simplesmente olhando e admirando o brilho da luz em suas gotas. É algo de intocado. Você fica com receio de destruir esse mistério. Ele o convida a simplesmente olhar, contemplar, admirar. Uma manhã fresquinha na relva faz a alma voltar a ser alegre. Faz-nos entender o versículo do salmo: "[...] de tarde sobrevém o pranto, de manhã vem a alegria" (Sl 30,6). O orvalho lava sua alma das preocupações do dia de ontem e a torna novinha em folha.

23

O paradoxo é que a coincidência de tempo e eternidade é sempre vinculada a uma experiência sensorial. É justamente na matéria que se experimenta o espírito; no espaço, o além-espaço; no tempo, o atemporal. Quando estou inteiramente ligado aos meus sentidos, estou também presente, experimento a calma absoluta. Posso tomar um banho de sol e sentir os raios em minha pele. Quando estou inteiramente ligado à minha pele, o espírito irrequieto encontra a calma, o espírito está por inteiro em minha pele. Já não está na mente, em que produz sempre apenas inquietude. Abre-se para os sentidos e encontra neles a calma. Isso gera novamente a experiência da união. Espírito e sentidos se tornam um: tempo e eternidade.

24

Experiências de uma calma absoluta na qual tempo e eternidade coincidem são possíveis somente quando nos abandonamos na contemplação de uma flor, de uma paisagem, de uma pintura. Quando estamos inteiramente na contemplação, já não há diferença entre o contemplador e o contemplado: ambos se tornam um. Também o tempo pára. Da mesma forma, podemos vislumbrar esse tipo de calma quando escutamos, conscientemente, uma música meditativa de Bach ou de Mozart, quando somos todos ouvidos, quando nada nos distrai, quando nos abandonamos inteiramente ao ouvir. Assim, tocaremos, no meio do tempo, a eternidade; o tempo pára quando ouvimos com atenção. Às vezes, isso acontece também quando lemos um livro. De repente, algo nos toca e não conseguimos continuar a leitura; ficamos parados refletindo. Estamos simplesmente presentes.

25

O silêncio, a admiração, a adoração e a calma diante de Deus fazem parte da vida espiritual. A capacidade de uma pessoa fazer isso mostra-se também em seu modo de comer. Não é à-toa que são Bento considera a refeição um ato sagrado. Os monges devem não só se alimentar dos dons da criação, mas também da palavra que escutam na leitura efetuada à mesa. Assim, comer é um ato intelectual e espiritual, um receber e acolher dos dons e das palavras de Deus. A forma de comer tem seus efeitos sobre a pessoa, sobre seu corpo e sobre sua alma. Hoje reina uma ausência de cultura na maneira de comer, visto que tudo é engolido, o mais rápido possível, para matar a fome (*fast food*). O agradecimento à mesa seria não um mero exercício piedoso, mas uma nova cultura no modo de comer.

26

Não podemos ter a vida espiritual só na mente. Precisamos incluir o corpo todo. Faz parte disso também uma alimentação frugal e saudável. No entanto, o esforço por uma alimentação frugal será inútil se não tivermos uma motivação espiritual. Quando tudo gira apenas em torno do peso e da saúde, uma alimentação consciente pode se tornar uma ideologia alienada e uma atitude forçada. Precisamos sempre considerar a unidade de corpo e alma. Nosso corpo é importante o suficiente para darmos atenção a ele e a suas leis, comendo e bebendo consciente e frugalmente. Isso significa que não devemos mimá-lo de modo exagerado, mas lidar com ele com atenção para que se torne aberto e transparente a Deus.

27

Também o espaço em que moramos pode nos tornar doentes ou sadios. Isso não vale somente para as construções inadequadas com materiais de baixa qualidade ou localizadas em regiões impróprias, mas também para o modo como organizamos e decoramos o espaço em que vivemos. Há uma ordem doentia, mas também uma desordem sem cultura que prejudica a alma. Portanto, nossa espiritualidade não deve estar alheia ao cuidado com a organização e a decoração dos ambientes. Na ordem exterior de nossa casa, também nossa alma pode ficar "em ordem".

Uma decoração agradável e uma disposição dos móveis com bom gosto fazem bem também à alma. Não nos devemos tornar dependentes de coisas exteriores, mas sim lembrar que somos seres humanos e que vivemos a partir dos olhos e precisamos, portanto, cuidar da higiene visual.

28

A música que escutamos provoca um efeito dentro de nós, e os ruídos que nos cercam nos influenciam. Por isso, devemos cuidar bem dos ouvidos. Expô-los constantemente a grande barulho pode nos deixar doentes. Existe também um tipo de música que nos pisoteia e nos destrói. O mesmo vale para a TV. Não podemos simplesmente assistir à TV sem que isso tenha um efeito sobre nós. É importante cuidar das imagens que nos acompanham ao longo do dia, e saber quais podem nos curar.

29

O sono não é somente a recuperação necessária do corpo, mas também da alma. No sono, a alma é ativada de um modo diferente. O inconsciente se torna ativo, emerge nos sonhos. E a realidade dos sonhos é tão real quanto a realidade da consciência desperta. Quando queremos ter uma vida sadia, precisamos dar atenção também à nossa realidade onírica e escutar nossos sonhos. Nos sonhos, nosso inconsciente interpreta e comenta os acontecimentos do dia e nossa situação atual no nosso caminho de auto-realização. Essa interpretação deveria ser levada em conta, pois nossa visão consciente das coisas é, muitas vezes, bastante unilateral. No sonho, podemos reconhecer o que aconteceu, realmente, durante o dia e o que isso significa para nós.

30

O ser humano deve ter acesso a uma medida sadia de sono. Quem dorme demais se torna apático e, muitas vezes, está fugindo de alguma coisa. Para não enfrentar a realidade, refugia-se no sono. Por outro lado, quem dorme demais não tem medida. Superestima a si mesmo e a sua importância e não consegue se soltar, se entregar. Certamente, a quantidade necessária de sono é diferente para cada um. Mas cada pessoa deveria examinar-se, para verificar se sua necessidade de sono é exagerada ou se está dormindo pouco.

31

A verdadeira calma participa sempre da experiência da eternidade. Agostinho percebe isso quando medita sobre o repouso do oitavo dia, o dia da ressurreição. Para ele, nesse dia, participamos do eterno repouso sabático de Deus: "Esse repouso eterno continua no oitavo dia e não termina nele, pois, se terminasse, não seria eterno. Por isso, o oitavo dia será o que foi o primeiro, e, assim, a vida original se comprovará não como passada, mas como revestida pelo selo da eternidade".

Abrir os olhos para as pequenas surpresas da vida

Agosto

1º

O anjo do prazer pela vida quer me introduzir na alegria do viver não somente nos domingos e em dias de festa. Ele já começa de manhã cedo a abrir-me os olhos para os mistérios do novo dia, para as pequenas alegrias que estão preparadas para mim, para o ar fresco que entra pela janela aberta, para a satisfação de meu corpo no chuveiro, para o pão fresco do café da manhã, para os encontros com as pessoas que verei hoje. O anjo do prazer pela vida me pega pela mão e me mostra que a vida é bela. É belo estar saudável e movimentar o corpo. É prazeroso respirar profunda e livremente. É uma alegria experimentar a cada dia, de novo, conscientemente, as pequenas surpresas da vida.

2

A verdadeira meta do esquecimento consiste em esquecer de si mesmo. É uma grande graça poder aceitar-se. Mas a maior delas é poder esquecer de si mesmo. Conheço pessoas que vivem girando somente em torno de si mesmas. Quando fazem uma viagem de férias, não são capazes de abrir-se para a beleza da paisagem, porque vivem se perguntando se reservaram o pacote certo, se, em outro possível lugar para onde também poderiam ter ido, as coisas não estariam melhores. Ao encontrar alguém, perguntam-se apenas o que a pessoa acha delas. Assim, criam um bloqueio e não conseguem se abrir verdadeiramente para o encontro. Quando rezam, perguntam o que adianta fazê-lo. Em tudo que querem fazer, acabam atrapalhadas pelo próprio ego. Esquecer de si mesmo é a arte de estar verdadeiramente presente, estar aberto por inteiro para aquilo que o momento traz. Somente quando eu me esqueço de mim, estou verdadeiramente presente. Somente quando eu paro de pensar constantemente em mim e em meus efeitos sobre o mundo, posso me entregar a um encontro, a uma conversa e desfrutar daquilo que nasce entre mim e o outro.

3

Desde os tempos antigos, o ser humano reconheceu na natureza sua própria lei de vida. A natureza floresce e morre, assim como o ser humano. Ao celebrarmos o "morrer e viver" da natureza, aceitamos nosso próprio destino e nos reconciliamos com ele. Na raiz de várias festas cristãs, estão as festas de outras religiões que celebram a natureza. Isso talvez possa parecer como um resquício pagão que precisa ser superado. Mas a relação entre o ano litúrgico e o ritmo da natureza é salvífico para nós. Em tudo o que acontece ao nosso redor, podemos ver um símbolo daquilo que acontece dentro de nós. Não devemos nos colocar acima da natureza por sermos seres dotados de espírito. Estamos inseridos nela. Aceitar isso e viver em sintonia com a natureza faz bem.

Faz bem para nossa psique sintonizarmo-nos com o ritmo da natureza, em vez de impormos a ela um ritmo artificial. Viver segundo a nossa natureza significa também viver de acordo com a essência de nossa alma.

Dependemos simplesmente do que acontece em torno de nós, das estações do ano, do estado da natureza. Em nossos sonhos, as imagens da natureza indicam muitas vezes como estamos. No ano litúrgico, essas imagens são acolhidas para que possam exercer um efeito salvífico dentro de nós. A vida da natureza pode nos ajudar a descobrir nossa própria vivacidade.

4

A paisagem está presente, independentemente das palavras. Contudo, quando não é verbalizada, nem cantada, ela meramente existe. Somente quando converso com alguém sobre a paisagem ou canto em seu louvor, ela se torna realidade para mim e para as pessoas. Somente a palavra de louvor desperta a vida adormecida numa paisagem. Assim acontece também com o louvor ao Criador que os monges cantam em sua liturgia das horas, o qual faz brilhar para os seres humanos a beleza da criação. Desse modo, a palavra de louvor se torna co-criadora e mantenedora da criação de Deus. Esta é, provavelmente, a maior dignidade do louvor a Deus: que a própria palavra criadora de Deus opere nesse louvor e que a criação se torne perfeita na resposta de louvor dada pelo ser humano tomado pela graça de Deus.

Alguém pode achar que isso seja exagerado. Entretanto, quando as pessoas passam na frente de um mosteiro e sabem que lá dentro, dia após dia, Deus é louvado, o mundo delas muda. Quem enxerga apenas a destruição do meio ambiente por todos os lados, se torna cego para a possibilidade de reconhecer Deus na criação. E quem somente explora o mundo em razão de seus próprios interesses perde o olhar para o mistério da criação, no qual podemos experimentar o próprio Deus. Num mosteiro beneditino, não se canta apenas a criação. Esta é também representada em sua beleza pelos belos edifícios eclesiais, e de acordo com a celebração da liturgia. Não é um simples cumprimento de deveres religiosos. É um campo para desenvolver fantasia e criatividade e louvar a criação de Deus de forma digna.

5

Se as pessoas não têm uma meta, mais se impelem para a agitação e se atrapalham quando poderiam desfrutar do momento presente. A palavra alemã *Urlaub*, "férias", vem da palavra *erlauben*, "permitir". Nas férias, deveríamos nos permitir desfrutar do tempo ocioso, que é o contrário da agitação que se cria em "férias radicais, de aventura". Ficar ocioso é aceitação passiva da vida, mergulho na realidade, simples presença, sem pressão para se ocupar com alguma coisa.

6

Parece que hoje em dia falta paciência para ver algo crescer. É preciso ter sucesso imediatamente, assim como saciar as necessidades. As pessoas já não perdem tempo observando uma flor ou uma árvore crescer. Não levam isso em conta. Então nada prospera, nada se torna duradouro. Podemos observar a mesma falta de paciência na educação das crianças. Muita gente não suporta as crises pelas quais elas passam. Em pânico, pensam que a crise deveria ser imediatamente controlada. Também nossa política está marcada pelo imediatismo. Todo dia são propagadas novas possibilidades de soluções que acabam descartadas até o fim do mesmo dia. Quanto mais rápido querem soluções, mais rápido os diferentes partidos se paralisam, e não acontece nada. Sentir agitação é como malhar em ferro frio. Em termos de eficiência, a pessoa agitada trabalha menos que aquela que enfrenta seu trabalho com calma e serenidade.

7

Quando observamos uma onça numa jaula, ficamos admirados com seus movimentos soberanos e lentos. Sabemos que, no próximo instante, ela pode se lançar sobre sua vítima, com incrível rapidez. Mas ela tem tempo, ela se permite perder tempo. Para nós, tempo é dinheiro.

Precisamos economizar o máximo de tempo possível para tê-lo livre para coisas mais importantes. Mas a pergunta que deveríamos fazer é: quais são as coisas mais importantes? Muitas vezes, não somos capazes de aproveitar o tempo que sobra. Na maior parte do tempo, estamos correndo. Mas... para onde?

8

Não devemos nos tornar pessoas impulsivas, influenciadas pelas interferências externas, que simplesmente são levadas pela corrente, mas sim pessoas impulsionadas pela paixão de servir à vida e de modelá-la em sua diversidade.

9

Quando estamos por demais agitados, então é melhor espantar primeiro a inquietação fazendo um passeio prolongado ou uma caminhada em meio à natureza. Ao caminhar, posso me livrar da inquietação interior, dos problemas que me agitam. O dinamarquês Sören Kierkegaard, filósofo da religião, constatou que não havia sofrimento do qual não conseguisse se livrar ao caminhar. Também eu, quando caminho tranqüilamente, posso livrar-me das coisas que me preocupam. Isso não acontecerá, porém, quando a caminhada estiver marcada por uma pressão interior ou somente para cumprir os quilômetros estabelecidos como meta do dia. Preciso me entregar inteiramente ao movimento, que aceita a agitação interna e pode acalmá-la. Depois de um passeio, sento para meditar, no meu quarto, e fico muito mais calmo do que antes. Toda a inquietação interior passa. Especialmente em nosso mundo tão agitado, necessitamos de posturas corporais para espantar a inquietação. Além de eu fazer passeios ou caminhadas, poderia também trabalhar na horta, no jardim. Quando deixo a pressão interior se esvair, através do movimento do corpo, consigo ficar muito mais calmo.

10

Kierkegaard diz a respeito do caminhar: "Antes de mais nada, nunca perca o prazer de caminhar! Caminho todos os dias para o meu bem-estar e, assim, me afasto de qualquer doença. Meus melhores pensamentos surgiram enquanto eu caminhava; não conheço sofrimento nenhum, por mais grave que seja, que não possa ser afastado ao caminhar".

11

Caminhar constantemente — movimento regular ao qual posso me entregar — pode se tornar um processo da catarse. Muita coisa pode ser jogada fora. Acalma-se a inquietação interior, aquilo que me agitou ou irritou somente alguns instantes antes. Caminhar me liberta de toda a inquietude e de todos os resíduos da alma. Muitas pessoas constatam que caminhar as acalma mais do que se elas estivessem sentadas em silêncio. Caminhar ajuda mais do que ficar sentado, quieto, sobretudo quando as pessoas estão nervosas e agitadas. Ao caminhar, é mais fácil desligar-se das coisas.

12

Quando caminhamos, estamos em constante movimento; assim, pode se movimentar também algo em nossa mente. O movimento regular dos pés, que continuamente tocam o chão e voltam a se afastar dele, permite que se esvaiam as tensões do corpo expressas por conflitos psíquicos. Ao caminhar, posso eliminar a inquietude e o sofrimento e me tornar sempre mais calmo e sereno. Ao colocar conscientemente os pés no chão e flexioná-los, consigo eliminar tudo o que torna o corpo — e com ele a alma — tenso, duro, machucado. Depois de uma caminhada, temos a sensação de havermos sido lavados, arrumados, interiormente. As coisas ruins somem.

13

O tempo e a eternidade coincidem no momento presente. Quando estamos presentes por inteiro no momento atual, o tempo pára. Cada pessoa já deve ter observado, fascinada, um pôr-do-sol, sem ter percebido o tempo passar. Quando nos entregamos intensamente a alguma coisa ou a alguém, esquecemos o tempo, somos tão-somente o momento atual puro, pura presença. Isso é um vislumbre do repouso sabático do qual participamos agora.

14

A meditação é o caminho pelo qual chegamos ao ponto interior da calma. Meditar não significa que precisamos estar o tempo todo calmos. Não devemos exercer pressão sobre nós. Meditação não tem nada a ver com concentração. Os pensamentos emergirão. Não podemos desligá-los. Contudo, quando não lhes damos atenção e mergulhamos, por meio da palavra e da respiração, sempre mais no fundo de nossa alma, pode acontecer que haja um momento de absoluta calma em nós. Nesse momento, posso sentir: agora estou tocando o essencial.

15

Assim como os sonhos nos esclarecem sobre aquilo que acontece no fundo de nossa alma, em nosso inconsciente, as distrações também o fazem, pois têm sua origem no inconsciente. Elas revelam as inclinações de nosso coração. Quando nos damos conta de que sempre nos lembramos de determinadas pessoas ou acontecimentos ou que são os mesmos problemas e planos que pipocam na nossa mente, podemos tirar conclusões muito valiosas a respeito de nós. É assim que conseguimos nos conhecer melhor. Dessa maneira, as desatenções diminuirão, e seremos capazes de rezar a Deus com calma e compenetração.

16

Quando consigo entrar em contato com meus anseios, eu me reconcilio com o caráter simples de meu viver e me despeço de ilusões que construí acerca de minha vida. Por exemplo, da ilusão de que deveria ser perfeito em minha profissão, de que minha família poderia viver para sempre em harmonia ou de que eu teria sempre sucesso e seria estimado por todos. Muitas pessoas preservam tais ilusões com insistência. Se a vida não as realiza, elas reprimem isso descrevendo sua vida de modo bastante positivo. Quando contam alguma coisa, gostam de exagerar. Tornam tudo mais importante do que é. Tudo que tem a ver com elas é algo de muito especial. Quando falam de si, contam quão espetacular é a situação que estão vivendo naquele momento. Com isso, procuram esconder a verdade: que estão mergulhadas numa crise profunda. Fecham os olhos diante das banalidades de sua vida e, por meio de descrições exageradas das situações, mantêm a ilusão de sua extraordinariedade.

17

Meu anseio tem um efeito positivo: evita que eu tenha expectativas exageradas com relação à vida e que eu sufoque as pessoas com meus desejos. Posso me reconciliar com minha vida cotidiana assim como ela é e aceitar as pessoas como elas são. Isso vale tanto para meus colegas como para meu cônjuge. O anseio me leva para além deste mundo; oferece-me algo que não é daqui, algo sobre o qual este mundo não tem poder. Por isso, o anseio me liberta do apego ao mundo. Aceito que nenhuma pessoa pode saciar minhas saudades, meus anseios mais profundos. A partir dessa atitude, posso me relacionar com as pessoas com liberdade, sem fazer uma imagem fixa delas, por meio de expectativas exageradas. O anseio me permite uma abertura sem preconceitos. Assim, posso desfrutar do encontro e do relacionamento, sem exigir constantemente mais. As pessoas me remetem a Deus, mas não precisam ser Deus para mim.

18

Encontramos o prazer na vida não procurando o máximo de diversão, mas evitando o mal e fazendo o bem. Quem quer verdadeiramente desfrutar da vida precisa saber renunciar. Isso requer a ascese, que é o treinamento da liberdade interior. Somente a pessoa que sente que toma sua vida nas próprias mãos e a modula pode sentir a alegria da vida. Quando uma pessoa é totalmente dependente de suas necessidades e precisa satisfazer cada uma delas, imediatamente, nunca sentirá prazer na vida. Antes, terá a sensação deprimente de que está sendo manipulada, vivendo do lado de fora, em vez de viver segundo sua própria opção.

19

Quem entende que liberdade é somente fazer o que quiser ficará muitas vezes atrelado aos próprios desejos. A liberdade verdadeira se expressa na atitude de eu estar livre de mim mesmo; de eu poder me empenhar, na minha liberdade, pelas pessoas; de eu poder me entregar livremente a algum projeto; de eu poder me dedicar ao serviço da humanidade.

20

Muitas vezes, não encontramos um jeito de reconciliar as muitas almas que habitam nosso peito porque não conseguimos enxergar a relação que existe entre elas. Quando percebemos, porém, que esses lados aparentemente desligados um do outro têm uma relação de opostos, nasce uma união dentro de nós, pois os opostos têm a tendência de se atraírem e se unirem. A tensão dos opostos gera na pessoa uma energia que procura a união deles. Portanto, quando percebemos que estamos vivendo em casa nosso lado egoísta de modo muito exagerado, porque vivemos em público de modo demasiadamente altruísta, é nossa tarefa fazer que os dois lados entrem em diálogo. Não devemos julgá-los. Precisamos de ambos. Mas os dois lados não devem viver um isolado do outro. Isso levaria a uma vida de ilusão, a uma atitude dilacerada que nos dividiria e levaria à desconfiança dos outros em relação a nós. Sem o egoísmo, viveríamos esgotando-nos. Não devo permitir que meu egoísmo me domine, mas considerar suas reivindicações justas. Assim, ele me ajudará a me defender quando eu for confrontado com exigências exageradas. Ele vigiará para eu não ficar sempre na desvantagem. Quando admito o direito de meu egoísmo existir, me empenho com compromisso e força pelas pessoas e posso ajudá-las, sem medo de me esgotar totalmente.

21

Somente a pessoa que aceita, em sua mística, também seus lados banais e não piedosos será capaz de experimentar aquela união que abraça todos os seus lados: luz e sombra, altos e baixos, aspectos humanos e desumanos, bem e mal, céu e terra, pureza e sujeira, forças e fraquezas, atitudes espirituais e atitudes antidivinas.

22

Quero que meu coração esteja aberto, para que a palavra possa me tocar. Não sou eu que faço alguma coisa com a palavra; é a palavra que faz algo comigo, nas profundezas da minha alma.

Quando dizemos que o coração deve estar em sintonia com a palavra, isso significa também que nossa vida deve corresponder à nossa oração. Mas isso é apenas um aspecto exterior. Isso quer dizer que já não há distância entre nosso espírito e nossa palavra, que nosso interior se torna um com a palavra.

23

Quando a pessoa não consegue interpretar o que está acontecendo com ela, nem entender uma crise que está vivendo, por exemplo, freqüentemente reage de modo confuso. A crise faz desmoronar suas convicções. A pessoa pensa estar diante dos escombros de sua vida. Na verdade, a crise poderia se tornar justamente um encontro com Deus e um novo começo. No entanto, com nossas próprias forças, não podemos perceber o que a crise nos quer dizer. Precisamos de uma palavra que venha de fora, um conto que nos ajude a reinterpretar a situação e que nos indique um caminho no qual cheguemos a encontrar Deus, apesar de toda a confusão em que estamos envolvidos.

24

Ficar em silêncio não significa somente que não estou falando mas também que abro mão das possibilidades de fuga e me agüento como sou. Renuncio não somente ao falar, mas a todas as ocupações que desviam a atenção de mim mesmo. No silêncio, obrigo-me a ficar por inteiro comigo. Quem tenta fazer isso descobrirá que não é nada agradável, inicialmente. Emerge todo tipo de pensamentos e sentimentos, emoções e humores, medos e sensações de chateação. Vêm à tona desejos e necessidades reprimidas, surge irritação reprimida, lembramo-nos de chances perdidas e de palavras inadequadas ou não ditas. Muitas vezes, os primeiros momentos do silêncio revelam nossa confusão interior, o caos, nossos pensamentos e desejos; dói agüentar esse caos. Encontramos as tensões interiores que nos amedrontam. No silêncio, essas tensões não conseguem escapar. Com isso, descobrimos nossa verdadeira situação. O silêncio nos leva a uma análise da nossa situação, na qual já não nos enganamos, mas percebemos o que está acontecendo dentro de nós.

25

Tudo que emerge dentro de nós, no silêncio, tem seu próprio sentido. Devemos olhar para tudo, sem julgamento, e estabelecer um diálogo com essas coisas, para que nos transmitam o que simbolizam. Às vezes, a inquietação é um indício de que o tipo de meditação que estou praticando não combina comigo, que foi apenas imposto a partir do exterior. Nesse caso, a inquietude me revela que ainda não cheguei ao destino, que preciso continuar procurando até encontrar minha forma pessoal de rezar. Ou a inquietude me revela que há dentro de mim muitos assuntos que preciso verificar. Os pensamentos totalmente insignificantes, que sempre voltam a emergir, encobrem os verdadeiros problemas, escondidos neles. Meus pensamentos superficiais podem ser uma mera tampa que coloquei sobre meu vulcão interior porque tenho medo de encará-lo.

26

A auto-observação já é oração. Quando o ser humano reflete sobre si mesmo e permite que Deus questione seus pensamentos, ele reza.

27

Na oração, não podemos fugir de nós mesmos. Deus não permite que ela seja usada como rota de fuga. Ele nos mostra isso fazendo com que, na oração, nossos sentimentos e pensamentos sempre se revelem e, assim, desnudem nossa situação interior.

O abade Nilo diz sobre a oração: "Tudo o que fazes de vingança contra teu irmão que te ofendeu aparecerá no teu coração, na hora da oração".

Outro monge do deserto considera inútil tudo que não nos confronte conosco mesmos e com nossa realidade: "Quando alguém, em sua oração, não se lembra de seus atos, seus esforços de rezar cairão no vazio".

28

O objetivo da oração é o encontro do ser humano com Deus. Para encontrar-se com Deus como ele é, não pode enganar a si mesmo, mas deve desnudar seus pensamentos e sentimentos diante do Senhor. Somente após descobrir, na conversa sobre si mesmo, quem é verdadeiramente e qual é sua situação atual, acontece um encontro genuíno com Deus, no qual o ser humano não se esconde atrás de uma máscara, mas permite que Ele se aproxime à flor da pele, sem invólucros piedosos.

29

A capacidade da oração de nos conduzir ao autoconhecimento mais profundo tem sua raiz no fato de que nos confronta com uma pessoa, com Deus. Oração não é monólogo, auto-espelhamento, mas conversa, encontro com uma pessoa independente de mim. Isso me permite assumir um ponto de vista fora de mim a partir do qual me percebo de modo mais abrangente e objetivo do que seria possível se somente girasse em torno de mim, em simples autoobservação, e não consigo me distanciar de mim. A pessoa que olha somente para si mesma é cega para muitos lados de seu ser. Mas quando olho para Deus, e não para mim na oração, posso olhar para mim, a partir o ponto de vista de Deus e me reconhecer muito melhor à luz do Senhor.

30

Dentro de nós existe um lugar de silêncio em que Deus habita. Nele, as pessoas não podem nos ferir. As palavras ofensivas não conseguem invadir esse espaço. Nele, estamos inteiramente conosco e inteiramente com Deus. É por causa desse espaço que somos capazes de perdoar, pois ele permanece intacto.

31

O silêncio não reprime as emoções nem as agressões. Ao contrário, ele as acalma e organiza. Na fala, as emoções sempre se levantam; no silêncio, a poeira abaixa. É o que acontece também com o vinho. Quando a garrafa é movimentada, o vinho se torna turvo; quando é deixada em repouso, as partes sólidas baixam e o vinho se torna claro.

Essa capacidade do silêncio de trazer clareza ao nosso coração é descrita num poema chinês, que pode ser traduzido assim: "Quem pode tornar claro algo turvo por meio do silêncio? Quem pode criar tanto silêncio quanto precisaria para clarear algo fusco? O silêncio é a capacidade que torna claras águas turvas".

Olhar a vida com gratidão

1º

Quem olha para sua vida com gratidão concordará com aquilo que viveu. Parará de se rebelar contra si mesmo e seu destino. Perceberá que, a cada novo dia, um anjo entra em sua vida para protegê-lo do mal e assegurá-lo da presença amorosa e curadora dele. Tente passar pelo mês que está iniciando com o anjo da gratidão. Você perceberá que pode ver tudo sob uma luz diferente, e sua vida ganhará outro sabor.

2

O anjo da gratidão lhe dá novos olhos para ver conscientemente a beleza da criação e desfrutar a beleza dos campos e das florestas, dos montes e vales, do mar, dos rios e lagos. Você ficará encantado com a graciosidade de uma gazela e com a elegância de um cavalo. Você não passará pela criação inconscientemente, mas pensando e agradecendo. Perceberá como o Deus do amor o toca por meio da criação e como ele quer lhe mostrar com que abundância cuida de você.

3

Há pessoas que organizaram sua vida de tal forma, que não mais estão abertas para o novo que Deus quer lhes confiar. Tudo deve ficar como está. Muitas vezes, elas vivem paralisadas. Você precisa estar aberto para o novo que Deus lhe oferece. O novo poderá brotar somente quando você estiver aberto para ele, deixando de lado o antigo, e não estiver paralisado naquilo que vive atualmente. Essa abertura mostra-se na prontidão de aceitar novas idéias, aprender novas condutas, confrontar-se continuamente com novos desafios no trabalho, na família, na sociedade. Pessoas abertas estão dispostas a aprender coisas novas na profissão, aceitar novas técnicas, permitir novos desenvolvimentos. Enfim, permanecem vivas.

4

Atenção é uma força espiritual que dá novo sabor à minha vida. Com ela, tenho a sensação de viver, eu mesmo, ativamente, sem "ser vivido" a partir do mundo exterior. Sinto que a vida é um mistério de grande profundidade, vivacidade e alegria.

5

A palavra "atenção" vem de "estar atento, desperto", "refletir" e "pensar". Atuo de modo reflexivo, atento, consciente. Estou por inteiro presente naquilo que faço. Sei o que estou fazendo. Estou presente na minha ação, com todos os meus sentidos. Corpo e espírito estão ativos do mesmo modo. Viver com atenção significa também que estou presente em cada momento. Sinto o mistério do momento presente, o mistério do tempo, o mistério da minha vida.

6

Os primeiros pensamentos vão nos acompanhar o dia todo. Por isso, é muito importante criar o hábito de se levantar com pensamentos positivos e fazer uma oração. Isso logo me ajuda a encontrar a atitude certa. Quando fico aborrecido porque preciso me levantar cedo, irritado ao ver o mau tempo ou chateado ao lembrar da reunião difícil que me espera, estarei de mal com a vida, para o resto do dia. Os pensamentos negativos roubam minha energia e fazem-me olhar o dia todo através de óculos escuros.

7

Estou presente em meus sentidos, em meu corpo. Percebo o que se move em mim, mas sem matutar medrosamente se esta ou aquela sensação é sinal de uma doença. Ando com atenção e estou presente em meu movimento, em cada passo. Sinto meu corpo, os músculos, minha pele. É claro que não posso viver cada instante conscientemente. Isso seria exagerado. Mas é um exercício útil viver, cada dia, algum tempo nessa atenção consciente, o que pode se tornar um pequeno ritual. Quando saio de casa, caminho pelas ruas conscientemente, sentindo o ar fresco, o vento, o sol e desfrutando de cada passo. E sinto: agora estou andando, estou presente em meu andar.

8

O ser humano sente muitos desejos e tem muitos pensamentos dentro de si, os quais muitas vezes existem desconectados uns ao lado dos outros. Quando não consegue uni-los, sente-se dilacerado, dividido, rachado. O caminho que afasta da divisão é a atenção. Para isso, é importante estar presente no momento atual, em cada gesto que faço, na minha respiração, nos meus sentidos. Quando estou presente por inteiro em meu corpo, em meus sentidos, ao fazer um passeio pela natureza, posso sentir que eu e tudo o que me cerca somos um, eu e a criação e, nela, Deus e todas as pessoas que são uma parte dessa criação maravilhosa e misteriosa.

9

Há outra palavra para atenção: compenetração. Quem está compenetrado une dentro de si as coisas diferentes e dispersas. Está em união consigo mesmo. Ele e sua ação são uma coisa só. Não permite que as coisas e ações diferentes o distraiam, mas consegue uni-las. Quem é atento alia atenção e reflexão à sua ação, ao objeto que toca, ao momento presente. Quem é cuidadoso associa cuidado e proteção àquilo que faz. Junta tudo que faz sob seu cuidado, sua cautela, sua vigilância. Vigia as coisas que faz. E tudo isso se alia à meiguice.

Meiga é a pessoa que trata a todos e a tudo pacificamente. Assim, consegue juntar o que estava disperso, distraído e inquieto numa ação compenetrada, atenta, meiga. Quem está presente naquilo que toca o fará com meiguice. Quem está presente consigo mesmo, com suas diferentes necessidades e desejos e com suas paixões e emoções, trata bem a si mesmo e vive em paz com os opostos que estão dentro de si mesmo. E quem está presente com a pessoa que encontra não pode ser rude nem duro, mas meigo.

10

Quando eu conseguir me perceber e me aceitar com todas as minhas paixões, deixarei de projetar minhas necessidades reprimidas sobre as pessoas, assim como deslocar para os outros meus receios e medos. Quando eu conseguir fazer as pazes com minhas paixões, os outros não poderão atrapalhar minha calma interior. Estou em casa, dentro de mim. Estou em sintonia comigo mesmo e com minhas paixões. Nada de humano me é alheio. Assim, consigo manter mais facilmente o equilíbrio quando sou confrontado com sentimentos agressivos ou hostis por parte das pessoas. Posso até acreditar que haja algo de bom na pessoa que está me prejudicando.

11

Quero determinar como vivo e o que faço. Determinar quer dizer: ter voz para nomear, estabelecer, ordenar e comandar. Sou eu quem ordena minha vida. Levanto minha voz para não precisar me submeter a outras vozes. Tenho o direito de viver a partir de mim mesmo, em vez de ser determinado, "vivido", a partir do mundo exterior. Tenho o direito de formar e modelar, eu mesmo, a vida que Deus me deu. No entanto, a voz sempre caminha com os ouvidos. Jesus cura não somente a língua do surdo-mudo, mas também os ouvidos, para que ele possa ouvir bem. Quem é incapaz de ouvir não modela sua voz, nem a levanta de modo coerente. Não posso determinar as coisas aleatoriamente. Minha determinação precisa estar em sintonia com a realidade. Posso determinar bem acerca de mim mesmo somente quando dou ouvido à voz de Deus, ficando em sintonia com a imagem única e singular que Deus fez de mim.

12

Tudo que é grande precisa de silêncio para nascer dentro do ser humano. "Somente no silêncio há reconhecimento verdadeiro", diz Romano Guardini. E João Clímaco, um monge da Igreja antiga, diz: "O silêncio é um fruto da sabedoria e possui o conhecimento de todas as coisas". O silêncio nos prepara para podermos ouvir corretamente, inclusive as nuances, quando alguém nos fala. O silêncio é também a condição para podermos escutar, dentro do nosso coração, a voz de Deus. Hoje em dia, muitas pessoas se queixam de que Deus se tornou estranho para elas. Mas há tanto barulho dentro delas que não conseguem escutar os impulsos baixinhos através dos quais Ele fala em seu coração.

13

A palavra alemã *erkennen* (reconhecer, perceber) significa originalmente: inteirar-se, captar mentalmente, lembrar-se. Conheço a mim mesmo ao inteirar-me de mim e descobrir meu cerne mais íntimo. Reconhecimento tem algo a ver com estar em contato com meu interior, com o fato de perceber não somente minha forma externa, mas meu ser mais profundo, aquilo que representa meu verdadeiro ser. Essa inteiração tem a ver com o espírito. Não posso apalpar meu cerne. Preciso do espírito, que é capaz de se inteirar do verdadeiro ser, que mergulha no ser, para captá-lo e compreendê-lo. Conhecer a mim mesmo significa "lembrar-me" continuamente, ir para dentro de mim, entrar em contato comigo, com a imagem original que Deus fez de mim. O ser não é algo que se concretizou ao longo de minha história de vida. Antes, é algo de original, a imagem não falsificada que Deus fez de mim.

14

Autoconhecimento não consiste na grande quantidade de conhecimento acerca de si mesmo, mas na atitude de se tornar um consigo mesmo, de fundir-se com seu verdadeiro ser, assim como homem e mulher se fundem no ato sexual e nele se conhecem mutuamente em seu ser mais profundo. Só consigo conhecer a mim mesmo quando estou disposto a mergulhar no meu verdadeiro ser. Não posso observá-lo a partir do exterior. Preciso penetrar no meu verdadeiro cerne, habitar nele, estar em contato com ele.

15

Há essencialmente três áreas que devem ser consideradas no caminho espiritual, porque nelas Deus vem ao nosso encontro e nos fala: nossos pensamentos e sentimentos, nosso corpo e nossos sonhos. Deus nos fala por meio de sua palavra transmitida nas Sagradas Escrituras. Antes de mais nada, ele fala também através de nós mesmos, e isso acontece justamente nessas três áreas, às quais precisamos estar atentos para escutar essa Palavra de Deus, personalizada para nós. Para Evágrio Pôntico, não existe encontro com Deus legítimo sem auto-encontro honesto. Quando eliminamos o auto-encontro, a espiritualidade se torna facilmente uma fuga piedosa de nós mesmos. Sempre que encontramos a nós mesmos, encontramos a Deus. E vice-versa: à medida que nos aproximamos de Deus, nos aproximamos também de nós mesmos.

16

Reagimos a tudo que vivenciamos com pensamentos que transformamos em comentários. Ao mesmo tempo, o inconsciente reage. Registra mais coisas do que nossa razão, e muitas vezes nos mostra sua visão no sonho. Também o corpo reage. Sabemos como o corpo reage a perigos, à expectativa de uma boa refeição etc. Mais complicadas são as numerosas reações inconscientes do nosso corpo, as quais podem ser observadas sobretudo no ponto em que temos poucas reações conscientes em relação a algo que vivenciamos. Por exemplo, quando não queremos admitir que a situação no nosso emprego é insuportável ou que um colega vive nos ofendendo e não descarregamos nossos sentimentos por meio de resistência e distanciamento conscientes, o corpo assume a reação. Reagimos tendo dor de barriga, por exemplo, quando não conseguimos nos defender contra pessoas poderosas. Uma pressão constante vinda das pessoas, à qual não podemos contrapor nada diferente, mexe com nosso fígado e nos torna cansados e fracos. Nesse caso, nosso cansaço é apenas uma defesa. No entanto, quando percebemos uma doença, isso deveria nos levar a adotar métodos mais conscientes de defesa que não causem tais tipos de enfermidade. Precisamos somente consultar nossos sintomas, os quais nos dirão em imagens como vai nossa vida.

17

Na voz do meu corpo, devo escutar a Deus, que me mostra minha verdadeira situação e me indica os passos que devo dar em meu caminho espiritual. Fico grato quando meu corpo se torna uma caixa de ressonância para a voz de Deus, que me protege contra caminhos errados. Quem não é capaz de escutar a Deus dentro de si, corre o perigo de viver ao largo de sua verdade e de se perder desesperadamente.

18

Nas formas extremas do vício, percebemos imediatamente que comer e beber nos destrói tanto física quanto psiquicamente. Hoje em dia, muitas pessoas têm uma relação perturbada com a comida. Cada vez mais pessoas sofrem de anorexia ou de bulimia. Esses distúrbios têm a ver não somente com o corpo, mas também com a alma. Na bulimia, a pessoa tenta se desviar de qualquer dificuldade. Entope-se com comida para não precisar sentir raiva, decepção e solidão. Esse processo, porém, leva à eterna fuga e à permanente decepção consigo mesma. A pessoa viciada precisa enfrentar as realidades de sua vida e suas necessidades, além do admitir seus anseios reprimidos.

Visto que o vício é também uma fuga de Deus, que me colocou nessa realidade, a luta contra isso exige também uma reorientação espiritual. Preciso fazer as pazes com meu Deus, que me colocou num mundo que não realiza todos os meus desejos. Visto que o vício é freqüentemente um substituto da mãe, ele me impele a procurar aconchego em Deus e em mim mesmo, a estar em casa comigo mesmo, porque o próprio Deus, o mistério, habita em mim.

19

A falta de modos torna a pessoa doente. Quem vive sem disciplina externa ficará indisciplinado também interiormente. Quem não conhece rituais e vive simplesmente de acordo com seus impulsos e desejos se deteriora interiormente. Tudo desmorona. Não há mais nenhum gancho que mantenha junto o que quer se separar, nem fôrma dentro da qual possa crescer algo.

A insegurança freqüentemente se expressa no corpo, no descuido e na falta de controle. Muitas vezes, a falta de modos caminha junto com a falta de tradição. A pessoa vive como se não tivesse raízes. É claro que assim não pode crescer nada. A inserção numa tradição sadia é decisiva para a pessoa encontrar uma identidade sadia. Sem raízes, a árvore seca, o ser humano definha.

20

O meio onde vivo tem importância. Antigamente, as pessoas tinham uma boa sensibilidade para perceber o tipo de casas que permitiam uma vida boa. Não somente nossa saúde mas também nosso bem-estar psíquico dependem do clima, da paisagem, da situação habitacional. Devemos olhar para a ordem da criação de Deus e organizar nossa vida de tal forma que possamos viver de corpo e alma sadios.

21

Por que trabalho tanto, por que corro tanto e não sobra tempo para mim? Por que, para que, para quem? Na meia-idade, essas perguntas aparecem cada vez mais e questionam o conceito de vida que levamos. A pergunta pelo sentido da vida é religiosa. Na meia-idade, há uma crise de sentido e, com isso, uma crise religiosa. Ao mesmo tempo, temos a chance de encontrar um novo sentido para a nossa vida.

22

Para mim, a luz mansa de um dia de primavera é sempre uma imagem de uma pessoa que tem um olhar compreensivo de si mesma, de seus defeitos e erros, mas também das pessoas e suas fragilidades.

Seu olhar manso mergulha sua própria realidade e a dos outros numa luz mansa. À luz mansa da primavera, tudo se torna belo. As flores coloridas brilham em toda a sua beleza. Tudo ganha outro brilho. Conheço pessoas que irradiam esse tipo de mansidão. Gosto de estar perto delas, de conversar com elas. Sinto sua permissão de eu ser como sou, e o seu consentimento: "Apesar de tudo, é bom". A vida muitas vezes sacudiu e balançou essas pessoas. Elas passaram por muitos altos e baixos. Mas mesmo assim têm um olhar manso para tudo. Nada de humano lhes ficou alheio, mas não condenam nada. Fazem com que tudo brilhe à luz mansa do outono, do jeito como chegou a ser.

23

Um dos fatores de risco do nosso tempo é o barulho e a poluição causados por impactos acústicos e óticos. A poluição acústica já não permite que cheguemos a um silêncio curador. Ela nos ataca em todo lugar, assim como imagens nos assaltam. Contra essa enxurrada de palavras e imagens, são

Bento apresenta um remédio: ficar em silêncio. No silêncio, a pessoa encontra a si mesma, liberta-se do barulho de seus pensamentos e chega até o ponto em que o próprio Deus habita nela, o ponto em que não é invadido por problemas nem pelas preocupações do dia-a-dia. Nesse lugar de silêncio puro, a pessoa torna-se curada. Nele, entra em contato com sua verdade interior.

24

Para Evágrio, rezar sem distração é a meta de nossa vida. Conduz-nos a uma sabedoria e a um amor profundos e "às alturas da realidade". No entanto, não alcançamos essa meta quando consideramos somente nossas distrações e as combatemos. As imagens que existem dentro de nós precisam ser transformadas. Isso, porém, exige sem falta: lidar honestamente com os sonhos e, ao mesmo tempo, observar os pensamentos e prestar atenção aos sonhos. Somente assim podemos chegar àquela *apateia* interior, na qual, segundo Evágrio, estamos totalmente orientados rumo a Deus e permeados por seu amor e sua paz. Só nos silenciamos em Deus depois de ele ter purificado e curado nossa consciência e nossa inconsciência. Desse modo, a atenção aos sonhos é um elemento importante no caminho contemplativo que nos quer levar sempre mais para perto e para dentro de Deus.

25

Vivemos não somente num mundo sem Deus, mas também sem eu, sem *self*. Nos sonhos, irrompe em nossa vida a realidade espiritual. Não podemos definir de antemão que os sonhos sejam mais irreais do que aquilo que percebemos através da consciência. No sonho, Deus pode irromper, levantar sua voz. No sonho, emergem imagens que aparentemente não têm nada a ver com a nossa realidade, mas que, na verdade, nos revelam a essência dessa realidade. Revelam-nos o mundo e nossa vida a partir de uma perspectiva totalmente diferente. Os antigos tinham razão quando diziam que Deus nos fala nos sonhos, porque, neles, não bloqueamos a sua Palavra com as nossas; neles, não podemos forçar Deus a desempenhar algum papel; neles, ele é o ator e nós, os espectadores.

26

Na Bíblia, o sonho tem um duplo significado. Por um lado, revela não só a verdade sobre mim, as pessoas, minha situação e o mistério da minha vida, mas também sobre a situação religiosa ou política do povo ou das pessoas. O sonho não só corrige e complementa minha visão consciente, mas também abre horizontes. Faz a realidade aparecer sob sua verdadeira luz. Assim, no sonho, Deus me mostra a verdade, retirando o véu que encobre a realidade. Contudo, o sonho é também o ponto do encontro imediato com Deus. Ele não envia apenas mensagens sobre a realidade, mas também vem ao nosso encontro e luta conosco como na luta noturna com Jacó (Gn 32,23-33) e revela a si mesmo; ele aparece em visões e permite ser visto em imagens do sonho.

27

Os sonhos nunca são inequívocos. Apenas revelam nossa situação e possíveis perigos, para que possamos ficar atentos e, assim, evitá-los. Os sonhos sobre perigos também são úteis. Não pretendem provocar pânico, mas mexer com nosso volante interior para que não nos dirijamos para um abismo. O importante é traduzir os sonhos em atividade, em prol de nossa vida.

28

Como posso chegar até o ponto em que serei verdadeiramente capaz de dizer "eu"? Um caminho é simplesmente perguntar: "Quem sou eu?". Assim, emergirão, espontaneamente, respostas e imagens. A cada uma dessas respostas, direi: "Não, isso não sou eu; isso é apenas uma parte de mim". Não sou a pessoa que meus amigos pensam que sou, nem a pessoa que eu mesmo penso que sou. Não sou idêntico ao papel que desempenho junto aos meus conhecidos nem à máscara que uso junto a estranhos. Observo que meu comportamento na igreja é diferente daquele que demonstro no trabalho, e o que adoto em casa é diferente do comportamento que assumo em público. "Quem sou eu, verdadeiramente?" Também não sou idêntico aos meus sentimentos e pensamentos. Eles estão dentro de mim, mas meu "eu" não está reduzido a eles; deve ser procurado além de todo pensar e sentir. Não podemos definir e fixar nosso eu, mas quando perguntamos mais profundamente ao nosso interior, criamos uma idéia do mistério do próprio ser.

29

"Eu" — isso é mais do que ser diferente dos outros, mais do que o cerne consciente da pessoa, mais do que o resultado da minha história de vida. "Eu" quer dizer: eu fui chamado pelo meu nome, por Deus, por um nome inconfundível. Eu sou uma palavra que Deus diz somente em mim. Meu ser não consiste em meu desempenho, nem em meu conhecimento, nem em meu sentir, mas na palavra que Deus diz somente em mim e que pode ser ouvida neste mundo somente dentro de mim e através de mim. Por isso, encontrar a mim mesmo significa chegar a um vislumbre dessa palavra única de Deus dentro de mim. Ele já falou através da minha existência, disse sua palavra em mim. Rezar como auto-encontro significa encontrar Deus no meu mistério mais íntimo e ouvir sua palavra dentro de mim e através de mim.

30

Existe uma região em nós na qual somos puros. Nela, estamos também em sintonia com nosso verdadeiro ser e com Deus. Nela, falamos e agimos sem segunda intenção. Que o anjo da pureza o proteja contra a idéia de pensar somente mal de si mesmo. Seu cerne mais íntimo é bom, puro e imaculado. Confie em sua pureza e se alegre quando perceber que muitas de suas palavras e ações são puramente honestas, que você faz muita coisa sem perguntar pelo resultado.

A tensão saudável

1º

Para que a convivência possa dar certo, é preciso suportar a tensão sadia existente entre proximidade e distância, solidão e comunhão, amor e agressividade, briga e reconciliação, confronto e resistência, diálogo e silêncio, separação e união. Muitas vezes, vejo que, hoje, as pessoas não sabem agüentar esses dois pólos. Gostariam de ter sempre apenas proximidade, amor, comunhão. Com isso, porém, impedem a experiência da união, que é aquilo que sustenta a longo prazo. Quem quer estar sempre em união nunca estará. Quem aceita a tensão existente entre união e separação poderá experimentar momentos de união. Mas quem quer viver com seu parceiro tão-somente uma união ininterrupta a experimentará cada vez menos.

2

Nossa liberdade é sempre limitada. Não somos Deus, que tem tudo à sua disposição. Não podemos nos abrir com total liberdade a cada pessoa que encontramos. Essa atividade esgota nossa força e pode tornar-se uma sobrecarga. Precisamos, com toda a humildade, reconhecer nossos limites, dentro dos quais podemos nos abrir sem reservas aos outros. No entanto, hoje em dia, existem também muitas pessoas que, de tanta preocupação com a necessária autoproteção, vivem em constante medo de, porventura, dar um "sim" precipitado quando alguém precisa delas, vivem com medo de se esgotarem, de ficarem sobrecarregadas e de serem exploradas. Quem está verdadeiramente livre, pode se abrir com toda a liberdade para as pessoas, sem o medo constante de levar desvantagem e de não ter força suficiente para ajudar. A verdadeira liberdade interior torna-nos livres para nos empenhar em prol do próximo.

3

Nos dias de hoje, muitas pessoas têm medo de ficar sozinhas. Não sentem a si mesmas quando estão sozinhas. Precisam constantemente de pessoas em torno de si para se sentirem vivas. No entanto, ficar sozinho também pode ser uma bênção.

Na solidão, sinto a essência de ser um ser humano, que é participar de tudo, do universo, da criação, em última análise, daquele que é tudo em tudo. Quando o anjo da solidão o conduz para dentro dessa experiência fundamental de sua condição humana, então desaparece todo o medo de ficar na solidão e de ser deixado sozinho. Pois você sente que, no ponto em que está sozinho, está em união com tudo. Então você experimenta a solidão não como isolamento, mas sim como lar, como estar em casa. Estar em casa somente nos é possível no ponto em que habita o mistério.

4

Em algum momento, o prazer narcisista voltado somente para si mesmo se torna insosso. Se você compartilhar seu tempo com as pessoas, sentirá que se torna um tempo feliz. Às vezes, você pensa que tem muita coisa para fazer e precisa de tempo para si mesmo. É claro que precisa disso. Mas também precisa haver sempre tempo para você compartilhar com as pessoas. Quando compartilha seu tempo com um irmão ou uma irmã, apesar de não ter tempo para isso, pode ser que você se sinta agraciado, pois o tempo compartilhado lhe oferece novas idéias e nova vivacidade.

5

Há muito tempo, o cristianismo tem exigido somente que amemos o próximo. Foi esquecida a segunda parte da Palavra de Jesus, ou seja, que devemos amá-lo como a nós mesmos. Só podemos amar o próximo quando lidamos bem conosco mesmos. Há pessoas que, por meio de seu amor ao próximo, querem tão-somente tranqüilizar sua consciência pesada. Outras não se permitem nada. Têm medo de admitir e de vivenciar suas necessidades. No caso delas, o amor ao próximo se torna mera ideologização de sua atitude auto-agressiva gerada pela idéia de não poder se permitir nada. Tais formas de amor ao próximo não ajudam o outro. Quem se torna vítima desse amor ao próximo se sente possuído, tratado como objeto. Tem a sensação de que deve ficar eternamente grato, dependente da pessoa que alguma vez o ajudou.

6

Você trata a si mesmo e suas necessidades com justiça quando as escuta e as respeita, e quando encontra um caminho entre obrigação e desejo, considerados dois pólos. Fazer justiça também tem a ver com equilíbrio.

É fundamental encontrar um equilíbrio justo entre os diferentes interesses que se contrapõem dentro de mim e fazer justiça com os interesses conflitantes das pessoas, numa comunidade ou no mundo inteiro. Justa é uma solução que beneficia todas as pessoas, com a qual todas podem viver bem.

7

Em alemão, obedecer (*gehorchen*) tem a ver com atender, escutar, ouvir atentamente (*horchen, hören*). A obediência requer que eu escute a voz de Deus dentro de mim. Ele me fala em meus sentimentos e paixões, em meus conflitos e problemas, em meus sonhos, em meu corpo e em minhas relações. É preciso que o anjo da obediência venha em meu auxílio, para que eu possa escutar a voz de Deus em meus sonhos. No entanto, não é suficiente apenas ouvir o sonho. Preciso também responder à voz de Deus e fazer obedientemente aquilo que reconheci como sua voz. Ou perguntar, por exemplo: "O que Deus quer me dizer nas minhas doenças, na minha dor nas costas, na minha gastrite, na minha dor de cabeça?". Obediência significa que não fico simplesmente escutando, mas também tiro as conseqüências daquilo que escutei. Na doença, Deus me convida a mudar meu estilo de vida, escutar melhor meu corpo e meus sentimentos e viver em sintonia com a minha voz interior.

A obediência não tem nada a ver com a observância de mandamentos. Não consigo escutar um mandamento; escuto apenas uma pessoa. E a pessoa à qual devo obediência, em última análise, é Deus. Mas devo obediência não só a Deus, como também a mim. Preciso escutar a mim, minha história de vida, minhas forças e fraquezas, para viver aquela imagem que Deus fez de mim. Obediência significa viver em sintonia com minha própria verdade, não ficar em constante oposição com a minha realidade e reconciliar-me comigo mesmo, do jeito que sou. Ou seja, dizer "sim" a mim mesmo e aceitar a mim e a realidade da minha vida.

8

Ser uma pessoa responsável não é o mesmo que ter medo dos erros que podem surgir no meio do meu trabalho. Ser responsável tem algo a ver com liberdade e confiança. Sou livre para dedicar-me ao trabalho que estou fazendo, no momento. Abro-me para ele, inteiramente. Estou com ele, com todo o meu pensar e sentir. Gosto dele. Faço-o bem. Assim, consigo me sentir bem. E, na pessoa que me confiou esse trabalho, cresce a confiança em mim. Também ela se sente livre. Não precisa se atormentar imaginando se me explicou tudo direitinho ou se me alertou sobre todos os problemas possíveis. Sabe que sou uma pessoa responsável e que pode confiar em mim.

9

Vivemos constantemente comparando-nos com as pessoas. Para nos sairmos bem, nessa comparação, diminuímos os outros. Descobrimos, no agir deles, motivos falsos ou interesses egoístas. Sem nos dar conta, vivemos julgando as pessoas. Nossa razão julgadora vive falando dentro de nós, sem trégua. Se pudéssemos abrir mão dessa atitude de logo classificar as pessoas, de julgá-las ou até condená-las, poderíamos encontrar a calma interior.

Quando o abade Agatão via algo e seu coração queria julgar, ele dizia a si mesmo: "Agatão, não faça isso!". Assim, seu pensamento voltava à calma.

10

Precisamos nos tranqüilizar com o fato de que, dentro de nós, não existe somente amor, mas também ódio, e apesar de todos os esforços religiosos e morais, temos tendências assassinas, traços sádicos e masoquistas, agressividade, raiva, ciúme, depressão, medo e covardia. Dentro de nós existe não somente um anseio espiritual, mas também áreas sem Deus, as quais não querem ser piedosas. Quem não enfrenta sua própria sombra projeta-a, inconscientemente, sobre as pessoas. Não admite sua própria falta de disciplina e a enxerga somente nos outros. Assim, reclama do cônjuge, do amigo e do colega que não vivem de modo coerente, nem se comportam adequadamente. Aceitar a própria sombra não quer dizer vivenciá-la à vontade, mas, em primeiro lugar, admitir sua existência. Isso requer humildade e coragem de descer de sua auto-imagem ideal, de inclinar-se até a sujeira da própria realidade. A palavra latina *humilitas*, "humildade", significa aceitação da condição terrena, o húmus que existe dentro de nós.

11

Quando retribuímos o mal com o mal, provocamos uma cadeia infinita de ferimentos e represálias. Assim, o ato que feriu alguém é retribuído com um novo ferimento. Desse modo, a sociedade humana torna-se cada vez mais ferida, cada vez mais doente, cada vez mais dilacerada. Jesus nos convida a experimentar outros modos de conduta que servem melhor para a nossa convivência neste mundo. Ele não estabelece leis, mas descreve situações nas quais podemos ensaiar outras possibilidades de conduta. Ele nos convoca a usar a nossa criatividade para sairmos do círculo vicioso da desforra.

12

Precisamos nos reconciliar com toda atitude de inimizade que encontramos em nossa alma, com as tendências agressivas e assassinas, com o ciúme e a inveja, com o medo e a tristeza, com os impulsos e a avidez existentes dentro de nós. O amor ao inimigo que existe dentro de nós é, muitas vezes, mais difícil do que o amor ao inimigo que existe fora de nós.

13

Quando me relaciono com o outro por meio de palavras agressivas e olhares hostis, provoco nele o mal. Ele me tratará do mesmo modo hostil. Mas quando sou bondoso e uso palavras delicadas, o outro entra em contato com o bem que existe no fundo de sua alma, mas que muitas vezes é encoberto por feridas. Até certo ponto, somos responsáveis também pela conduta das pessoas. Podemos ativar nelas a vida ou a morte, o bem ou o mal.

14

Mesmo que não falemos muito de perdão, cada um de nós lembra, em momentos de silêncio, de pessoas que ainda não perdoou. Essas pessoas são como um fardo não resolvido que carregamos. Se não consigo soltar esse fardo, por meio do perdão, ele me causará uma depressão ou uma doença. Por isso, de vez em quando, devo dedicar a mim e à minha saúde um tempinho para me perguntar se há pessoas que ainda não perdoei ou não consegui perdoar.

15

Julgar as pessoas nos torna não somente inquietos, mas também cegos para os nossos próprios erros. O silêncio em relação a uma pessoa permite que compreendamos o mecanismo da projeção por meio do qual transferimos nossos erros para os outros e nos tornamos incapazes de descobri-los dentro de nós. Um relato dos Padres do Deserto descreve isso: em um mosteiro de Scete, no Egito, aconteceu uma reunião por causa de um irmão renegado. Cada abade deu sua opinião; somente o abade Pior permaneceu em silêncio. Em seguida, ele se levantou, pegou um saco, encheu-o com muita areia e o colocou sobre o ombro. Pegou também uma cestinha e, segurando-a à sua frente, colocou nela um pouquinho de areia. Os Padres perguntaram o que aquilo significava, e ele respondeu: "Esse saco cheio de areia são os meus pecados. Coloquei-os atrás de mim, para que não me incomodem, nem chore por causa deles. Eis os poucos erros do meu irmão; estão diante de mim, e gasto muitas palavras para condená-lo. Não é certo agir assim. Ao contrário, eu deveria carregar meus próprios pecados na minha frente, refletir sobre eles e pedir a Deus que os perdoe".

16

Para os monges, o silêncio é essencialmente a renúncia ao julgamento. Isso se refere não somente à palavra proferida, mas também à nossa fala interior.

Relatou o abade Poimen: "Há pessoas que parecem estar em silêncio, mas o coração delas não pára de condenar os outros. Na verdade, tais pessoas falam sem parar. Há outras pessoas que falam o dia todo; mesmo assim preservam o silêncio, porque não dizem nada de inútil".

17

O ato da fala deve ser uma expressão de nosso amor e de nossa bondade para com as pessoas. No entanto, isso só é possível quando, ao falar, não colocamos a nós mesmos no centro, nem tentamos manter a pessoa longe de nós, mas, sim, sem egoísmo, ficamos abertos para a pessoa e suas necessidades. Assim, a palavra se torna um serviço de amor em prol de alguém que espera por uma palavra de ânimo ou alegria.

18

No silêncio, não olhamos para as pessoas, olhamos para nós mesmos e nos confrontamos com aquilo que descobrimos dentro de nós. Se não conhecemos as condições sob as quais alguém reagiu, nós nos proibimos a formulação de qualquer juízo e permitimos, em vez disso, que a conduta dele interprete a nossa própria conduta. Assim, o erro de uma pessoa se torna um espelho no qual podemos nos enxergar com mais nitidez.

19

Se uma pessoa é capaz de ficar calada, não se mostra na quantidade de suas palavras, mas sim em sua capacidade de abrir mão de algo. Às vezes, até uma pessoa que silenciou exteriormente nega esse passo de abrir mão de si mesma, que é a essência verdadeira do silêncio. Ela se fecha em seu silêncio para ficar intocável ou para se esquivar da luta da vida, mantendo sua auto-imagem ideal. Para certas pessoas, calar-se é uma regressão, uma fuga a fim de não se responsabilizar por nada. Esse perigo existe principalmente para pessoas jovens que querem assumir cedo demais o silêncio como único caminho. Procuram sentir abrigo no silêncio, negam-se a permitir que a luta da vida destrua as imagens que criaram em seus sonhos. Desse modo, o silêncio se torna uma preservação obstinada de si mesmas. Quem fala sempre se expõe às pessoas, desnuda aspectos que podem ser atacados; suas palavras podem ser criticadas, ridicularizadas a ponto de passar vergonha por causa delas. Há pessoas que ficam caladas em conseqüência de seu orgulho, para que suas palavras não revelem nenhuma fraqueza. Não abrem mão de si mesmas e de suas imagens de perfeição. Para elas, seria melhor se assumissem o risco de, uma vez ou outra, passar vergonha porque falaram.

20

Hoje compreendemos muito bem a dimensão curadora da fala aberta. Atualmente, muitas pessoas são incapazes de desenvolver uma comunicação verdadeira. Por isso, precisam aprender a falar abertamente e experimentar nisso a libertação de tensões interiores. Muitas pessoas sofrem com o problema de não conseguirem falar sobre aquilo que as machuca no seu íntimo. Engolem tudo, devoram tudo, tornam-se amarguradas e desenvolvem gastrite. Para tais pessoas, seria importante que aprendessem a falar sobre si mesmas e sobre suas feridas.

21

Quando passo ao largo de todos os problemas, nunca encontro uma solução. Quando me entrego ao meu dilaceramento e corro de um lado a outro, fico cada vez mais despedaçado. Preciso suportar a mim mesmo, por mais difícil que seja. Preciso procurar os motivos mais profundos da minha inquietação. Assim, descobrirei as ilusões que forjei acerca da minha vida, minhas exigências excessivas e minhas fantasias megalomaníacas e infantis. E quando as desmascarar e reconhecê-las como aquilo que são, como permanência na infantilidade, poderei fazer as pazes comigo e com minha situação. Se eu permanecer comigo mesmo, com muita paciência, as forças centrífugas poderão voltar a convergir, e eu poderei novamente ser uno, e eu poderei reencontrar meu centro.

22

Por meio da conversa, cresce a proximidade entre os cônjuges. Eles conseguem resolver as brigas e fazer as pazes. A proximidade mais intensa, nesses casos, é o beijo, que sela o acordo com o outro. Na reconciliação, porém, aproximam-se não somente os seres humanos, mas também o ser humano e Deus. E o ser humano pode se reconciliar consigo mesmo e beijar a si mesmo. A palavra latina *reconciliare* significa: "restabelecer, reunir, possibilitar novamente um encontro". Portanto, visa principalmente à comunhão restabelecida entre seres humanos e entre eles e Deus. Não há reconciliação sem perdão, o qual visa, em última análise, a uma nova comunhão reconciliada.

23

Não devemos nos fixar nas coisas que colocamos na nossa mente. Precisamos abrir os olhos para os anjos que interrompem nosso caminho e nos impedem de continuar nele. Um anjo desse tipo pode se revelar na resistência do cônjuge ou dos filhos. Pode se manifestar na negação dos colegas de obedecerem às nossas orientações. Em vez de quebrarmos a resistência por meio de um ato de violência, deveríamos ponderar bem se não é um anjo que está bloqueando nosso caminho porque quer nos proteger contra uma decisão errada ou nos alertar para não avançarmos rápido demais num forte declive.

24

Quando presta atenção, você escuta não somente as palavras que o provocam, mas também os tons tímidos que ressoam junto e o grito por atenção. Dessa forma, pode reagir de modo diferente. Por outro lado, sempre que encara palavras críticas imediatamente como ofensa pessoal e se defende, justificando-se, você já perdeu. Assim, você não escuta bem, não age com prudência, nem se orienta pelos seus sentidos, mas somente pelas suas emoções. Assim, a pessoa o determina. Orientar-se pelos sentidos significa também olhar realmente para aquilo que você está vendo. Talvez você enxergue por trás da fachada alegre uma profunda tristeza. Ou enxergue um sorriso, embora a pessoa conte sobre suas decepções e feridas. Você reagirá de acordo com o caso.

Reagir com prudência, conforme seus sentidos, significa também considerar os sentidos interiores. Você entra numa roda de conversa e não se sente à vontade. Encontra uma pessoa que o elogia, mas tem uma sensação estranha. Uma pessoa lhe propõe um negócio que parece sensato, mas você sente que deve haver algo errado. Nesses casos, confie na sua voz interior. Não se exponha à pressão de se explicar com argumentos. Você não precisa explicar nem justificar coisa alguma. Confie em seu sentido interior.

25

Nos dias, de hoje, existe o vício de difamar pessoas aparentemente importantes. Algumas pessoas não suportam a idéia de que exista grandeza humana legítima. Por isso, sentem necessidade de espionar qualquer fraqueza, para comprovar a si mesmas que a grandeza humana não existe. Em contraste, o temor tem a ver com a grandeza. No temor, permito que a grandeza exista e me alegro com ela. E alegrando-me com ela, eu mesmo ganho parte na grandeza da pessoa admirada. No entanto, o temor existe não somente diante de alguém importante, mas também diante do pequeno, do indefeso, do machucado. O temor reconhece a dignidade divina que brilha justamente no rosto desfigurado da pessoa torturada. Quem se aproveita da situação indefesa de alguém é um insolente, pois rebaixa o outro. O temor, ao contrário, eleva a pessoa. Dá-lhe espaço para poder descobrir, com liberdade, sua própria dignidade e erguer-se.

26

As tropas de ocupação romana da Palestina tinham o direito de obrigar cada judeu a caminhar uma milha com um soldado, para mostrar-lhe o caminho ou para carregar algum fardo. Os judeus precisavam se submeter a isso. Fizeram-no muito a contragosto. Enquanto um judeu carregava a mochila do soldado romano, crescia o ódio em seu coração. Desse modo, a inimizade não parava de crescer. Jesus diz que devíamos caminhar duas milhas em vez de uma. Nesse caminho compartilhado, ganharíamos o coração do romano em nosso favor. Devíamos nos dispor voluntariamente e aproveitar para conversar. Assim, poderíamos nos separar, depois de duas milhas, como amigos. É fundamental vencer o ódio por meio do amor, o mal por meio do bem. Somente isso cura a rachadura que separa a comunidade humana. Apenas um ato tão surpreendente, que dá um salto por cima do nível costumeiro de vitória e derrota, de ter direito e reivindicar seu direito, e que trata a próximo a partir de outro nível, é capaz de curar a discórdia que atormenta a humanidade.

27

Quando descobrimos no outro anseio pelo bem, emergem também em nós sentimentos positivos. Amar significa tratar o outro levando a sério seu anseio pelo bem, ajudando-o a revelar sempre mais o bem que existe dentro dele, para que isso possa superar sempre mais os traços doentios e nefastos, o mal e as trevas, de modo que a pessoa se torne boa de forma integral. Amar significa tornar o próximo bom, transformar o próximo numa pessoa boa.

28

Agradecer a existência de uma pessoa não é somente uma ajuda para nós, para aprendermos a amá-la; é, em primeiro lugar, também uma bênção para essa pessoa. A experiência demonstra que pessoas difíceis, até hostis, podem mudar positivamente quando começamos a agradecer por elas. Por outro lado, ao reagirmos com agressividade às suas hostilidades, indiretas e agressões, provocamos uma confusão sem fim. As relações ficam emaranhadas e, em algum momento, vamos tratar somente de ser vitoriosos nas indiretas e nas agressões. Quando agradecemos, deixamos o âmbito de vitória e derrota, aquele em que se responde agressivamente à agressão e à rejeição.

Quando aceito o outro, no agradecimento, dou-lhe a possibilidade de se auto-aceitar, pois, muitas vezes, uma pessoa se mostra muito espinhosa e hostil apenas porque não consegue se aceitar e projeta seus erros e fraquezas nos outros. Na maioria das vezes, hostilidade e inimizade nascem da projeção da própria sombra no próximo. Em última análise, combatemos a nós mesmos quando agredimos as pessoas. Sempre que há agradecimento, existe a possibilidade de se desfazer essa projeção. Quando uma pessoa se sente aceita, admite a própria sombra e já não precisa combatê-la. No entanto, isso vale também para nós mesmos. Só podemos amar o inimigo que nos incomoda exteriormente quando amamos o inimigo que existe dentro de nós.

29

No agradecimento, procuro aceitar tudo da maneira como Deus o dá. Ao lhe agradecer pelos acontecimentos da minha vida, tanto pelos belos quanto pelos sofridos, passo a me aceitar, com todo o meu passado. E reconheço verdadeiramente apenas aquilo que aceitei. Somente quando me aceito como alguém que Deus quis assim, consigo me reconhecer. Posso vislumbrar o que Deus imaginou quando me criou, a imagem que deve ganhar corpo. O mesmo vale para os muitos acontecimentos e incidentes. Só consigo perceber seu verdadeiro sentido quando deixo de querer descobri-lo sozinho. Em vez disso, agradeço a Deus por tudo que colocou em meu caminho. No agradecimento, abro mão de minhas próprias tentativas de encontrar uma solução e confio em que Deus quis o meu bem. Essa confiança me leva ao conhecimento — não ao conhecimento que vem da própria força ou da inteligência, mas da graça. Parece absurdo agradecer por um incidente que está acabando comigo, por uma pessoa que está deixando meus nervos em frangalhos. Mas assim que eu começar a agradecer a Deus por isso, perceberei em que ponto eu tento teimar contra Deus e reduzi-lo ao tamanho das minhas idéias. Ao agradecer, abro mão das imagens dele que eu mesmo pintei e me entrego ao Deus verdadeiro, que, assim, pode me revelar a verdade sobre mim, embora esta seja, muitas vezes, dolorida.

30

Abençoar o outro significa falar bem dele, dizer-lhe algo de bom e prometer-lhe o bem que merece da parte de Deus. Quando menciono o bem que está dentro de uma pessoa, ela entra em contato com esse bem que já habita nela. Abençoá-la não significa, porém, somente dizer algo de bom sobre ela, mas também falar-lhe com bondade, proferindo palavras boas que possam ajudá-la. Para os judeus, a bênção significa a plenitude da vida. A pessoa abençoada por Deus tem tudo de que precisa. Quando abençôo uma pessoa, desejo-lhe tudo de bom, tudo que é possível e que Deus lhe dê a plenitude da vida, para que ela se torne uma fonte de bênção para outras pessoas. Sempre que abençôo alguém, irradia de mim a bênção sobre tudo que está ao nosso redor. Então olho essa pessoa com outros olhos, me encontro com ela de outra maneira. Passo adiante a bênção com a qual Deus me presenteou. Uma boa palavra é pronunciada sobre nós. Somos abençoados.

31

Ter paciência não quer dizer deixar passar em branco tudo o que pode e deve ser mudado. Mas devemos ter paciência também conosco e com uma situação que não pode ser mudada e que pede, antes, uma alegre serenidade. Ter paciência não é o mesmo que dar um jeito para viver eternamente com um conflito ou fazer acordos ilícitos. Na paciência, reside também a força de trabalhar pela mudança e pela transformação. Nela, também o tempo é um fator importante. Damos um tempo a nós e às pessoas, para que algo possa mudar.

Desejo que o anjo da paciência lhe ensine a poder esperar. Isso não é natural, hoje em dia. Queremos sempre ver as soluções imediatamente. Mas, muitas vezes, é preciso um bom tempo para uma flor desabrochar. Precisamos de paciência diante do nosso próprio desenvolvimento. Não podemos mudar os outros num único instante, nem eles a nós. A transformação acontece devagar e, muitas vezes, despercebida.

Pensar na morte para viver plenamente

1º

Podemos comparar a vida humana com o percurso do sol. De manhã, o sol nasce e ilumina o mundo. Ao meio-dia, está no seu ponto mais alto; depois começa a declinar, a se pôr. A tarde tem a mesma importância da manhã. Simplesmente obedece a outras leis.

2

Algo novo pode crescer somente quando abrimos mão do velho. Morrer tem a ver com nascer. O novo pode nascer somente quando morre algo velho. A criança nasce somente quando se desprende da mãe. Só amadurece quando estiver disposta a se afastar de sua infância. Só se torna adulta quando se desprender de sua juventude. Ao longo de toda a nossa vida, somos desafiados a nos desligar daquilo que alcançamos, da posse, da saúde, do papel que desempenhamos, da segurança e da nossa própria força. Os pais precisam se desprender dos seus filhos. A vida se desenvolve somente na dialética da aceitação e do desprendimento. Para viver bem, precisamos nos aceitar, com nossa história de vida, com nosso caráter e nos desprender daquilo que aceitamos. Em última análise, trata-se de nos desprender de nós mesmos. Essa é a tarefa mais difícil, pois é provavelmente em nós mesmos que nos agarramos com a maior obstinação.

3

Se fizéssemos o exercício de imaginar que vamos morrer amanhã, viveríamos o dia de hoje de modo extremamente consciente e intenso. Saborearíamos cada instante. Nós nos abriríamos sem reservas para cada encontro. Prestaríamos atenção a cada palavra dita e ponderaríamos o que quiséssemos dizer verdadeiramente. Todos nós sabemos que, um dia, vamos morrer. Mas preferimos reprimir esse conhecimento, o qual não determina nossa vida. Por isso, para são Bento, é um exercício importante da vida espiritual colocar a morte diariamente diante dos próprios olhos. São Bento recomenda esse exercício não para andarmos pela vida com tristeza, mas para saborearmos a vida plenamente, para termos "prazer em viver", como ele escreve no prólogo de sua *Regra*. Saber que vamos morrer significa viver humanamente, viver da maneira que corresponde à nossa existência humana, que é mortal. Para mim, isso significa viver atenta e cuidadosamente, inteirar-me sempre do mistério de existir, de respirar, de sentir, de estar vivo, de ser único no mundo, de haver um aspecto em Deus que, entre todas as pessoas no mundo, somente eu posso expressar. Pensar na morte serve para a vida. Aproxima-me do mistério da vida. O que significa viver, existir? Como é estar vivo? O que significa ser único, poder transmitir algo que somente eu posso fazê-lo? O que significa que o mundo espera por mim, por uma palavra minha que é reservada para somente eu dizê-la?

4

Muitas pessoas não vivem bem porque estão atreladas às feridas de sua infância. Continuam acusando os pais pela educação que foi muito fechada e que não correspondeu às suas necessidades de criança.

Para viver conscientemente, aqui e agora, preciso me despedir das mágoas da minha infância. Sou responsável por minha vida aqui e agora. Não importa como foi minha infância, hoje desfruto do que me foi dado para fazer algo de bom. Ninguém teve apenas experiências boas ou somente experiências más. Apesar de todas as feridas que nossos pais nos causaram, eles nos deram também raízes sãs. Contudo, só conseguimos descobrir essas raízes depois de nos desprendermos conscientemente de nossos pais.

5

Conheço uma pessoa que colocou na porta da sala de seu escritório a frase "Mude-o ou ame-o". É o mesmo que pedir para mudar ou reinterpretar (amar, ver algo de modo diferente). Para mim, essa alternativa significa mais do que a frase: preciso aceitar o que não posso mudar. Isso é passivo demais. Se não posso mudar nada, minha única alternativa é aceitar. Isso tem um sabor de resignação. Reinterpretar é algo positivo. Decido ver algo de modo diferente, de tal modo que posso lidar com a situação reinterpretada com a consciência tranqüila, com a sensação de liberdade interior, com benevolência e alegria.

6

Posso ter uma idéia do que significa "morrer" quando tento amar sem reservas, querer o bem por excelência e abrir-me para meus anseios. Aqui na terra, meu amor e minha alegria, minha esperança e meus anseios permanecem sempre incompletos e podem chegar à sua plenitude somente na morte. A esperança aponta para além de si mesma, para um "além" que existe na morte. O amor já abarca em si mesmo algo que ultrapassa a morte e que é eterno.

7

A despedida dói. Despedir-se de uma pessoa que aprendemos a amar pode despedaçar o nosso coração. Mesmo assim, é preciso despedir-se. Não podemos prender uma pessoa. Ela quer fazer seu próprio caminho e precisa fazê-lo, para que sua vida dê certo. Nossa vida conhece mil despedidas. Precisamos nos despedir de um ambiente familiar porque queremos estudar em outra cidade ou encontrar emprego em outro lugar. Cada mudança exige uma despedida. Somente quando a despedida dá certo, nós nos abrimos verdadeiramente para o devir e cresce dentro de nós algo de novo. Muitas pessoas gostariam de manter seus amigos para sempre, perpetuando a amizade. No entanto, há amizades que são boas somente durante certo tempo. Depois disso, apenas se arrastam. São mantidas apenas por um sentimento de obrigação ou para não machucar um ao outro. Mas já não são coerentes. Nesse caso, teria realmente chegado a hora de despedir-se. Seria o mais justo. Significaria confiar em que cada um é capaz de se orientar de modo diferente, livre para começar algo novo.

8

Na metade da vida, o ser humano precisa familiarizar-se com o fato de que vai morrer e aceitar conscientemente o declínio da curva biológica de sua vida para que ela continue em direção à individuação. Diz Jung: "A partir da metade da vida, permanece viva somente a pessoa que quer morrer com a vida".

9

Cremos que precisamos nos desprender de nós mesmos, na morte, para podermos receber o novo e inesperado da vida eterna e divina, mas temos dificuldade de aceitar isso. Somente quando chega a hora de morrer é que muitas pessoas sentem como estão agarradas à vida. O paradoxo é que especialmente as pessoas que viveram se queixando das dificuldades da vida e que não a aproveitaram se agarram com todas as forças à vida no momento em que ela lhes é tirada.

10

Refletir sobre a morte significa pensar na possibilidade de aprender a viver de uma maneira que nos permita um dia descansar das nossas obras com alegria. O anseio pela vida eterna não nos deve levar a queimar a etapa da nossa vida aqui, neste mundo. Ao contrário, deve nos impulsionar rumo à verdadeira vida.

11

A alegria contagia. Na presença de uma pessoa alegre, é impossível conversar sobre o fim do mundo, assim como se queixar das chatices deste mundo. A pessoa alegre não fecha os olhos diante dos problemas, nem reprime as trevas, mas observa tudo a partir de outra perspectiva. Em última análise, enxerga a partir da perspectiva do espírito que perscruta também as trevas, até chegar ao fundo brilhante de Deus contido nelas.

12

A vida tem uma meta. Na juventude, a meta consiste em organizar-se no mundo e conseguir alguma coisa. Na metade da vida, o objetivo muda. Não se encontra no cume, mas sim no vale, onde a escalada começou. O desafio é mover-se em direção a essa meta. Quem não faz isso, quem se agarra medrosamente à própria vida, faz com que sua curva psicológica perca a conexão com a curva biológica. "Sua consciência paira no ar, enquanto, abaixo dele, a parábola entra em declínio, com velocidade crescente." O medo da morte é, em última análise, querer o não-viver. Pois viver, permanecer viva, amadurecer, só é possível à pessoa que aceita a lei da vida, que se movimenta rumo à morte, a qual é sua meta.

13

Muitas pessoas não olham para frente, para a meta, que é a morte, mas sim para trás, para o passado. Enquanto temos pena de um homem de 30 anos que vive olhando para sua infância e, assim, permanece infantil, admiramos pessoas idosas que têm a aparência e a conduta de jovens. Jung chama as duas formas de perversas, sem estilo, psicologicamente alheias à natureza. Um jovem que não luta, que não vence, perdeu o melhor de sua juventude, e um velho que não sabe escutar o mistério dos córregos que jorram dos cumes das montanhas para os vales não possui sentido, é uma múmia dotada de espírito que é nada mais do que um passado petrificado. Encontra-se do lado de fora, ao largo da vida, repetindo-se mecanicamente até um extremo repugnante. Que cultura é essa que precisa de tais fantasmas?!

14

Sonhos com pessoas falecidas nos alertam freqüentemente sobre relações que precisamos verificar novamente. Isso vale especialmente para sonhos em que a pessoa falecida parece triste e sente falta de algo, além de querer falar conosco sem conseguir. Outros sonhos com pessoas falecidas nos revelam nossas próprias raízes representadas por elas. Participamos da riqueza de suas experiências, de seu amor, de sua força, de seu jeito de vencer na vida. Esses sonhos nos revelam que, também após a morte, existe uma relação viva entre as pessoas que se amam e que a morte não é uma fronteira absoluta entre elas. Nos sonhos, as pessoas falecidas nos aparecem como companheiros que nos ajudam ou como alguém que quer nos alertar sobre alguma coisa. Em todo o caso, sonhos com pessoas falecidas são um convite para voltarmos nossa atenção novamente a elas.

15

Atualmente, muitas pessoas queimam a fase de luto por um ente querido. Mergulham em atividades exageradas para evitar sentir a dor da perda. No entanto, a tristeza não vivenciada nos bloqueia, fica gravada em nosso coração, nos impede de viver o momento presente e obstrui o fluxo da vida dentro de nós. Cada pessoa tem experiências de perda e de despedida. Somente quando assumirmos o luto pela perda de uma pessoa, poderá crescer dentro de nós uma nova vida. Somente após esse processo, seremos capazes de construir uma nova relação com as pessoas que nos deixaram.

16

A tristeza faz o coração secar, rouba sua energia e o esvazia. O luto, em contraste, se manifesta nas lágrimas, no choro constante pelos próprios pecados. A tristeza paralisa ou destrói; o luto fecunda e faz viver. Para Evágrio, é justamente um sinal de preguiça (*acedia*) ter uma alma dura que não derrama lágrimas. Ele recomenda pedir o dom das lágrimas, em cada início de oração, "para que tu amoleças, através do luto, aquilo que é duro em tua alma".

17

No luto, agüento a mim mesmo, do jeito como estou, com minha solidão, com minhas decepções. Não reprimo o luto, vivencio-o. Ele se expressa em lágrimas, que purificam, libertam e fazem algo novo crescer dentro de mim, enquanto a tristeza — assim dizem os antigos monges — é seca e infecunda. Nela, a pessoa gira apenas em torno de si mesma, choramingando. O luto vivenciado leva a uma nova qualidade de alegria e vivacidade. Vivenciar o luto, porém, significa também que eu o vivo na relação com outras pessoas, que não o escondo delas. Assim, o luto tem uma função terapêutica. Quando fico sozinho com meu luto, corro o perigo de não sair mais dele.

18

Estar de luto não significa permanecer na dor da perda de entes queridos. Ao contrário, o luto é uma atitude ativa. Nele, vivencio a despedida de pessoas queridas e amadas. Quando dou atenção ao luto, esclareço minha relação com a pessoa falecida e procuro por um novo relacionamento com ela. Essa procura passa pela conversa. Contamos uns aos outros o que a pessoa falecida significava para nós, o que representava em nossa vida, quais as experiências que compartilhamos com ela. O objetivo do luto é encontrar uma nova relação consigo mesmo e com o mundo.

19

Para os gregos, o ato de consolar passa principalmente pelo ato de falar, pela dedicação de palavras que voltam a criar algum sentido, em meio à falta de sentido que cada perda inicialmente provoca. Mas as palavras não devem ser um consolo barato e vazio, o qual passa ao largo da pessoa e não representa um conforto. Isso equivale a dizer qualquer coisa, em que nem eu acredito, ou seja, palavras que não dão segurança, nem criam novo sentido. Consolar significa dizer palavras que alcançam a pessoa e que são dirigidas especialmente a ela, tocando-lhes o coração. Consolar significa também encontrar palavras que vão de um coração ao outro. Palavras que brotam do meu coração e não se aproveitam de fórmulas vazias. Palavras que tocam o coração do outro e lhes abrem um novo horizonte.

20

Quando permito que meus sentimentos fluam, ao chorar, torno-me capaz de compreender melhor a mim, às pessoas e Deus: "Somente quem consegue sentir consegue chegar a uma compreensão verdadeira. Quem não sente nada não compreende os outros nem a si mesmo".

21

Quando uma pessoa enfrenta os problemas com coragem, ela cresce. Torna-se sábia e forte. Você não precisa provar a si mesmo que tem coragem, nem demonstrá-la em todas as situações. Há pessoas que transbordam autoconfiança e, mesmo assim, na hora do perigo, perdem a cabeça e se mostram fracas. Outras são medrosas, mas superam um desafio que as coloca contra a parede. Tornam-se corajosas em situações que reconhecem como desafio vindo da parte de Deus. Tenha confiança: o anjo da coragem lhe dará força e apoio, justamente quando você precisar.

22

Chorar alivia a pessoa dos sentimentos acumulados que vêm à tona. As lágrimas amenizam a dor. Para certas pessoas chorar torna-se a única possibilidade de agüentar e enfrentar a dor que ultrapassa suas forças. Elas não têm outra resposta, nem em palavras nem em gestos; são somente capazes de se entregar, se abandonar ao choro e, assim, permitir a existência da dor, ao mesmo tempo em que a dissolvem. Chorar alivia, ameniza, cura. De repente, as lágrimas se tornam lágrimas libertadoras, salvadoras, bem-aventuradas. A dor vira alegria. A pessoa experimenta em seu íntimo uma sensação de salvação e cura que já não pode ser ameaçada pela dor; sente uma alegria que não é atingida por decepções nem por fracassos.

23

Quando estamos tristes, mergulhamos na autocomiseração e giramos somente em torno de nossos próprios problemas, sem permitir que alguém nos ajude verdadeiramente. Em última análise, gozamos da tristeza, agarramo-nos nela, precisamos dela para não mudarmos nada. A atitude errada da tristeza manifesta-se em afirmações como estas: "Minha vida está tão ruim; ninguém liga para mim; sou um fracassado; já não agüento mais. Ninguém me ama. Nada dá certo para mim. Nunca chegarei lá". Na maioria dos casos, o motivo da tristeza são expectativas exageradas com relação a si mesmo e ao mundo. A pessoa é insaciável em seus desejos de sucesso e posse, de atenção e reconhecimento. Se os desejos exagerados não são saciados, ela se refugia na tristeza, magoada, frustrada e ofendida, para assim obrigar os outros a dar-lhe atenção.

24

Hoje em dia, procuramos por todos os meios evitar o aborrecimento e o sofrimento, contra os quais levantamos muros. São percebidos como ameaças do equilíbrio interior. Contudo, isso leva, "sem falta, à perda da sensibilidade e ao empobrecimento da vida". A pessoa incapaz de sofrer torna-se também incapaz de se alegrar. "Quando não se sofre mais, também não há grande felicidade. O tédio e o vazio são as conseqüências; o vício, como sucedâneo, é o próximo passo." Quem se desvia da dor se torna também incapaz de amar, pois somente quem permite ser machucado pode amar. Ao chorar, a pessoa se abre para a dor, não para sentir prazer nela, mas para ser encontrada por ela, para levá-la para dentro de si e transformá-la.

25

Na hora da morte, os anjos de Deus nos conduzirão para as mãos amorosas do Pai. As crianças não têm nenhum problema com essa idéia. Vivem no mundo dos anjos e estão convencidas de que eles as carregarão para o ventre de Abraão, e que morrerão e irão para os braços maternos de Deus. A morte tem algo a ver com o nascimento, com o ventre materno. Lá, encontraremos para sempre o aconchego por que ansiamos aqui; sempre podemos experimentar esse aconchego, embora seja frágil e fugaz. Na morte, descansaremos para sempre no ventre materno de Deus e, ao olharmos para o amor de Deus, desfrutaremos da alegria eterna.

26

É uma imagem consoladora imaginar que um anjo nos acompanha durante toda a nossa vida, que nos protege no nosso caminho, que nos impulsiona a viver de verdade, que cura nossas feridas, que nos liberta da prisão e não nos abandonará na morte. Ele nos conduzirá em segurança quando cruzarmos o abismo da morte, que provoca medo em todas as pessoas. Nesse momento, nosso anjo terá cumprido sua missão e poderá juntar sua voz para sempre às vozes do coro dos anjos que canta no céu o eterno louvor a Deus. Também na agonia, o anjo não nos abandona. Por causa da presença do anjo, a morte perde seu horror. Sempre que estamos impotentes, entregues à dor e à solidão, o anjo está ao nosso lado. Não passaremos sozinhos pelo portão da morte, mas sim acompanhados por um anjo.

27

Na oração tradicional pelas pessoas falecidas, pedimos que brilhe para elas a luz eterna. De acordo com nossa percepção, a morte sempre tem algo de escuro, inexplicável, inescrutável. Mas Deus é luz.

Por isso, a vida na eternidade é luz, glória e beleza eternas. Tudo por que ansiamos na arte, aqui na terra — harmonia, glória, beleza absoluta —, nos é dado na vida eterna.

28

A meta do desprendimento é nascer de novo. A morte é a plenitude do desprendimento e, ao mesmo tempo, o novo nascimento por excelência. Sonhar que estamos doentes e que morremos significa geralmente uma mudança da nossa identidade. É fundamental abrir mão de coisas antigas para que o novo ser humano possa nascer. Embora todos nós saibamos, na teoria, que algo novo só nasce quando abrimos mão do antigo, é difícil vivenciar isso na prática. Não é fácil nos despedir da antiga força e nos reconciliar com o fato de que estamos ficando mais fracos. É difícil deixar que os amigos trilhem seus próprios caminhos. É difícil nos desprender de nós mesmos, de nossos papéis, de nossa identidade. Não sabemos o que virá depois. Ao ministrar orientação espiritual e psicológica, percebo, muitas vezes, que uma pessoa sente que precisaria se desfazer de sua couraça, criada para se proteger das feridas e da vida. Mas é difícil transitar entre a percepção de que a couraça nos impede de viver e o desprendimento da antiga identidade, pois a pessoa não conhece o futuro. O antigo tornou-se familiar, ela sabe lidar com isso, embora freqüentemente sofra por sua causa. O novo, porém, dá medo, num primeiro momento.

29

Gostaria de convidá-lo a fazer a seguinte reflexão: imagine que falta pouco tempo para você morrer. Pense em uma pessoa a quem você gostaria de escrever mais uma vez. Depois escreva-lhe uma carta dizendo o que você quis transmitir na vida e o que deveria ter sido a sua verdadeira mensagem. Não tenha medo de usar as palavras. Nunca poderemos viver plenamente aquilo por que ansiamos, no mais fundo do nosso coração. Mas, mesmo assim, faz bem pensar na idéia condutora de nossa vida: por que levanto todo dia tão cedo? Por que enfrento todos os aborrecimentos que a vida me reserva? O que gostaria de transmitir às pessoas em cada encontro? O que quero que entendam de mim, do meu corpo, da minha alma, do meu coração, dos meus olhos, das minhas palavras? Qual é a motivação mais profunda da minha vida? Qual é o legado que gostaria de deixar para a humanidade? Escreva a carta e guarde-a para que você possa, de vez em quando, tomar novamente consciência daquilo que é para você, hoje, sua missão profética, a mensagem mais profunda de seu coração que você deseja transmitir às pessoas durante a vida.

30

A serenidade exige também o desprendimento de mim mesmo. Não devo me agarrar a mim, nem a minhas preocupações, nem a meus medos ou sentimentos depressivos. Muitas pessoas se agarram a suas feridas e não conseguem se desprender delas. Usam-nas como acusação contra as pessoas que as machucaram. Mas, com isso, rejeitam, em última instância, a própria vida. Devemos nos desprender também de nossas mágoas e feridas. Você precisa do anjo da serenidade, que o instrui na capacidade de distanciar-se de si mesmo, dar um passo atrás e olhar para sua vida a partir de um ponto de vista que está além de você.

A esperança nos torna interiormente livres

Dezembro

1º

É de Antoine de Saint-Exupéry a famosa frase: "Quando quiseres construir um navio, ensina às pessoas o desejo ardente pelo mar". Nesse desejo reside uma força que nos torna capazes de buscar utopias bem concretamente. O desejo, o anseio, impulsionou as pessoas da Idade Média a construírem imensas catedrais. Essa arquitetura vivia do desejo. A música vive do desejo, do anseio. Abre uma janela para o céu. Em última análise, cada arte é um brilho antecipado do eterno, daquilo que nunca houve, expressão do anseio por algo totalmente diferente. Desejo e anseio têm a força de explodir o concreto, de quebrar a couraça que construímos para ficarmos insensíveis diante do outro mundo possível. O anseio abre nosso pequeno mundo. Mantém aberto o horizonte acima de nós. O anseio não se fecha contra as realidades terríveis da vida. Ele nos coloca no trilho da esperança, que nos torna capazes de enfrentar a realidade sem nos deixar desesperados por causa dela.

2

O Advento pode ser o tempo de transformar nossos vícios novamente em anseios. Cada um de nós tem vícios, dependências interiores. Muitos deles chamam a atenção, como alcoolismo, uso de drogas, dependência de remédios, obsessão pelo trabalho, por relações, pelo sexo, pelo jogo. No momento em que nos tornamos dependentes de uma conduta ou de uma coisa, a estrutura do vício começa a se formar. A arte de lidar com isso estaria em olhar bem para nossos vícios e descobrir neles o desejo, o qual nos revela que nosso anseio aponta, em última instância, para além do cotidiano e do banal. Os vícios manifestam nosso desejo de um lar e do aconchego, o anseio pelo paraíso perdido.

3

A coroa de Advento tem quatro velas. Inicialmente, eram simples velas de contagem, que indicavam os quatro domingos antes do Natal. A cada domingo, acendemos uma vela, de modo que a espera, a esperança do Natal cresce de acordo com o número de velas acesas.

Além disso, quatro é também um número simbólico. É o número dos elementos e dos pontos cardeais. Como quadrado, o número simbólico quatro é a essência de tudo que é ordenado. Quando as quatro velas estão acesas na coroa redonda, há a coincidência dos opostos: o redondo e o quadrado se confundem numa união. Na linguagem coloquial, chamamos de "quadratura do círculo" alguma tarefa impossível, algo que vai além das nossas forças. Aquilo que nós não podemos fundir para formar uma união é fundido por Cristo, quando ele vem até nós, quando entra em nosso coração.

4

Em muitas regiões da Alemanha, existe ainda o costume de cortar galhos de cerejeira, aparentemente mortos por causa do inverno de lá, e colocá-los num vaso, num ambiente aquecido, para celebrar a Festa de Santa Bárbara. Até o Natal, brotarão e florescerão. Esse é um costume dos velhos tempos pré-cristãos. Quando os galhos recebem água e calor, em meio à escuridão e o frio do inverno, começam a brotar e, no dia 25 de dezembro, no solstício de inverno no hemisfério norte, dão sinal de vida. O mesmo acontece com nossa vida interior: quando vemos em sonho imagens de inverno, elas sempre expressam o estado de nossa alma. Nosso interior está morrendo de frio. Nosso coração ficou frio. Nossos sentimentos ficaram congelados. Não há mais nada de vivo em nós. Os galhos de santa Bárbara querem reforçar nossa esperança de que uma nova vida pode brotar em meio ao nosso inverno.

5

A palavra alemã *warten*, "aguardar", significa: "morar na torre de vigia (*Warte*)". A torre de vigia é o local para se olhar, vigiar. Portanto, "aguardar, vigiar" quer dizer "olhar se vem alguém, vigiar aquilo que está vindo ao nosso encontro". Mas "guardar" pode significar também "guardar alguma coisa, cuidar dela", assim como um "guarda" vigia uma pessoa e cuida dela. Aguardar, esperar, causa em nós ambas as coisas: a abertura do olhar e o cuidado com o momento, com aquilo que estamos vivenciando, com as pessoas com as quais estamos conversando. Esperar faz o coração ficar amplo e aberto. Quando estou esperando, sinto que não sou auto-suficiente, nem me basto. As pessoas experimentam isso quando esperam o namorado ou a namorada. A cada instante olham o relógio para verificar se não está na hora de ele ou ela chegar. Ficam antecipando com excitação o momento em que ele ou ela descerá do ônibus ou tocará a campainha. E que decepção se, em vez do namorado, surgir à porta outra pessoa! Esperar nos causa uma excitação formigante. Sentimos que não nos bastamos. Ao esperar, estendemo-nos em direção à pessoa que toca nosso coração, que o faz bater acelerado e que preenche nosso desejo e nossos anseios.

6

Na Alemanha, como em muitos lugares no mundo, o Dia de São Nicolau (ou Papai Noel) é tido como uma festa para crianças. No entanto, diante de todas as distorções que sofreu ao longo dos séculos, vale a pena vislumbrar o verdadeiro segredo desse homem.

Nicolau representa o ser humano paternal, que põe mãos à obra quando há pessoas passando necessidade, que tem compaixão, que ajuda sem alarde. Em muitos países, é venerado como um santo a quem podemos recorrer em nossas necessidades pessoais. Nicolau quer encorajá-lo também a aceitar seu lado paternal e maternal. Dentro de você, está a imagem arquetípica do pai, que dá força e proteção às pessoas e as encoraja para a vida. Dentro de você está a imagem da mãe, que dá aconchego e lar às pessoas, que as alimenta e cura suas feridas. Dentro de você está também o ser humano coerente e justo, que sabe enxergar as necessidades dos outros. O costume de presentear no dia de são Nicolau faz muito sentido. Não olhe somente para si mesmo; olhe também para as pessoas que sofrem com as amarguras da vida. Talvez Nicolau desperte sua criatividade para encontrar um jeito de tornar a vida delas mais doce.

7

Os sonhos têm a função de nos confrontar com a verdade de nossa vida, de nos desafiar a enfrentar essa verdade e dar uma resposta adequada. Também querem abrir nossos olhos para o futuro, para que possamos nos preparar para ele.

8

Em que reside a excitação da espera? Como você se sente quando espera a chegada de uma pessoa amada? Algo de novo entra na sua vida. Você está sendo presenteado. Você vivencia uma alegria antecipada. Sente-se vivo, sente emergirem fortes emoções. Não é somente você que está esperando. Você também está sendo esperado. Como você se sente em saber que está sendo esperado por alguém, em saber que Deus espera por você? Outras pessoas têm expectativas em relação a você. Essas expectativas podem constrangê-lo. Mas quando ninguém espera nada, você também pode se sentir melindrado. O tempo do Advento quer convidá-lo a alargar seu coração na espera e a erguer-se como alguém que está sendo esperado. Você é precioso. Muitas pessoas estão esperando por você.

9

Uma pessoa que não sabe esperar nunca desenvolverá um "eu" forte. Terá de satisfazer cada desejo imediatamente. Mas isso a tornará dependente de cada desejo. Esperar nos torna interiormente livres.

Quando sabemos esperar até nosso desejo ser realizado, também suportamos a tensão que a espera gera dentro de nós. Isso amplia nosso coração. Além disso, dá-nos a sensação de que nossa vida não é banal. Sempre que esperamos por algo misterioso, desejamos que nosso anseio mais profundo seja satisfeito. Então percebemos: somos mais do que aquilo que podemos dar a nós mesmos. Esperar nos mostra que o mais importante sempre é recebido como presente.

10

No tempo do Advento, podemos ficar sentados diante de uma vela acesa para nos acalmar na presença de sua luz. As velas sempre desempenharam uma atração especial sobre as pessoas. A sua luz é suave. Em comparação com a luz elétrica fria, a vela clareia apenas parte de nosso ambiente. Deixa algumas coisas no escuro. Sua luz é calorosa e agradável. A vela não é uma fonte de luz funcional, destinada a iluminar tudo do mesmo modo. Antes, dá-nos uma luz que abriga em si a qualidade do misterioso, do caloroso, do amoroso.

A luz da vela não só clareia, como também aquece. Com o calor, leva amor ao seu aposento. Enche seu coração com um amor que é mais profundo e mais misterioso do que o amor das pessoas com as quais você convive.

11

Sempre escutamos palavras de consolo no Advento. Georg Friedrich Händel começou *O Messias* com palavras que parecem tê-lo consolado e tirado de sua depressão: "'Consolai, consolai o meu povo!' diz o vosso Deus. Falai ao coração de Jerusalém, anunciai-lhe: Seu cativeiro terminou, sua culpa está paga" (Is 40,1s). Faz parte dos meus rituais de Advento ouvir, no Primeiro Domingo do Advento, *O Messias* e permitir que a música envie esse consolo para o meu coração.

12

O Advento, com suas imagens de consolo, faz emergir em nós uma curiosa sensação de familiaridade e aconchego. Não é o aconchego do Natal, da celebração e da alegria. Antes, é o aconchego apesar de toda a escuridão, de toda a solidão, de toda a incompreensão, de todas as feridas e ofensas.

Num ambiente familiar, estou acostumado com a condição quebrantada da minha existência; nele, tenho a coragem de olhar para minha verdade sem a embelezar, porque estou consolado em meu luto, porque posso encontrar, ao passar por meu luto, o consolo de um chão firme, "o consolo apesar de todas as coisas".

13

No tempo do Advento, muitas pessoas se entorpecem com a agitação. Pensam que devem pôr em dia todas as correspondências atrasadas que negligenciaram durante o ano inteiro. Contra esse entorpecimento, você pode tentar conscientemente outra atitude: a atitude da sobriedade e da vigilância. Quando você passa pelas ruas com comércio, apinhadas de gente, pode perceber quão desnecessária é a agitação de muitas pessoas, quantas se refugiam nela para fugir da própria realidade. A atenção e a vigilância podem ensinar-lhe o verdadeiro sentido do Natal.

14

A palavra alemã *still* (quieto) vem de *stellen* (acalmar-se, ficar parado). Portanto, eu preciso parar para ficar quieto. Preciso deixar de correr e de me precipitar. Enfim, preciso parar, ficar comigo mesmo. Quando fico quieto, encontro primeiro a mim mesmo. Já não projeto minha inquietude no exterior. Vou percebê-la dentro de mim. Somente quem suporta sua inquietude, consegue ficar quieto. Em alemão, "quieto" (*still*) também tem a ver com "amamentar" (*stillen*). A mãe amamenta, aquieta a criança que grita de fome. Do mesmo modo, preciso aquietar minha alma, que grita dentro de mim. Quando paro de correr exteriormente, minha fome interior se manifesta. Meu coração grita porque não está satisfeito. Precisa de alimento. Preciso me voltar com cuidado materno para o meu coração, para que ele fique quieto. No entanto, muitas pessoas têm medo de enfrentar seu coração quando ele está gritando. Preferem desviar a atenção e viver correndo. Mas o coração continua a gritar. Não aceita o desvio da atenção. Precisa dela e quer ser aquietado.

15

Ao ficar em silêncio, desço para minhas profundezas. O caminho para lá passa pela noite das minhas trevas, pela noite do meu medo e da minha solidão. Pondo-me a caminho, desço do trono real em que estou sentado em segurança para dirigir e determinar minha vida. Somente nas profundezas do meu coração, às quais não chega o barulho da superfície, Deus pode se tornar humano dentro de mim.

16

No tempo do Advento, você pode observar um dia de jejum, dedicado a alguém. Ao jejuar, sente-se unido a essa pessoa. Você pensa nela, naquilo de que ela precisa ou pelo que ela anseia, no que faria bem a ela e no que a faz sofrer. Durante todo o dia, o jejum o faz lembrar dessa pessoa pela qual você quer jejuar e rezar. Não é apenas uma intercessão formulada em pensamentos, sem compromisso. Torna-se uma intercessão encarnada. Você se empenha em favor dessa pessoa, de corpo e alma, com toda a sua existência.

17

Há muitos contos de fada nos quais alguém pode expressar seus desejos. Em geral, são três desejos, e não é nada fácil desejar aquilo que realmente se necessita. Normalmente, no início, a pessoa tem tantos desejos que nem sabe por onde começar. Depois fica embaraçada. Por exemplo, há um conto de fadas em que um homem deseja que o tempo melhore: a chuva deve parar. Depois, ele percebe que as plantas não crescem mais. Então, deseja que chova somente à noite. Isso provoca o protesto do vigia noturno. Finalmente, ele pede que tudo volte a ser como era. Desperdiçou os três desejos.

O que desejamos verdadeiramente? De que precisamos? O que buscamos? O que queremos ganhar?

18

Há famílias, atualmente, em que se combina não trocar presentes porque todos os membros já têm aquilo de que precisam. Nessa atitude, há certamente algo de sadio. Mas existe também uma ascese de dar presentes, que é apenas expressão da falta de criatividade. Presentear é um sinal de amor e de relações vivas.

19

A ganância é vencida pela distribuição de esmolas. Não há coexistência entre amor e ganância. Por isso, devemos assumir muito conscientemente a atitude de presentear pessoas e de nos desprender de algum objeto.

20

Se Deus se dá a nós, no Natal, é bom que também nós demos alguma coisa uns aos outros. O ato de dar algo de presente expressa que nós mesmos somos presenteados. A palavra alemã *schenken* (presentear), significava originalmente "dar de beber" a alguém (como no verbo alemão *einschenken*, "dar de beber"). Portanto, presentear quer dizer que oferecemos algo a uma pessoa sedenta, para que ela mate a sede. Quem não tem sede, também não deve ser presenteado. Hoje em dia, muitas pessoas já não têm sede de ganhar chocolate, roupa ou eletrodomésticos. Já têm tudo isso de sobra.

Mas cada qual tem sede de amor, de atenção, de valorização. Sendo assim, a maioria das pessoas, hoje em dia, provavelmente tem vontade de um presente que seja expressão de amor. Quando coloco meu coração num presente, este chega até o outro e mata sua sede.

21

Na época do Natal, muitas pessoas lembram de sua infância; isso é mais do que nostalgia e saudosismo. Por trás disso, está a saudade do início não-corrompido, do paraíso. No início, brilha a totalidade. Nele, escutamos o eco da promessa de uma vida que dá certo, que pode se tornar realidade.

22

Natal faz você se lembrar da criança divina que existe em seu interior. Em meio ao frio e à estranheza deste mundo, ela preserva sua unicidade e preciosidade. Confie em que existe algo de divino que somente você pode expressar. No fundo de seu coração, você traz uma criança divina. Quando você escuta seu coração, percebe exatamente o que lhe faz bem, o que é coerente e o que faz somente porque alguém lhe disse para fazê-lo. Somente quando entra em contato com a criança divina que há dentro de você, sua vida se torna autêntica e ganha algo da leveza que caracteriza as crianças. Desse modo, você não precisa trabalhar penosamente todas as feridas de sua infância; você, a criança machucada, pode confiar na criança divina, na trilha que o leva para a vida, também hoje.

23

Para todos os povos, a árvore é um símbolo da fertilidade, abundância e fonte de vida. Na Antigüidade, diversas árvores eram atribuídas a divindades. No Antigo Testamento, há a Árvore da Vida do paraíso, a Árvore do Conhecimento. O cristianismo reconheceu essa Árvore da Vida na árvore da cruz. A cruz é uma árvore que nos traz vida, que nunca morre, porque o próprio Cristo esteve suspenso nela. A árvore liga a terra e o céu. Tem suas raízes nas profundezas da terra e suga sua força da Mãe-Terra. Ao mesmo tempo, estende-se rumo ao céu e abre sua copa, sua "coroa", para cima. Essa é a imagem de como o ser humano deveria ser, enraizado como uma árvore e de corpo erguido, um ser humano nobre com uma coroa. A árvore que dá sombra é um símbolo materno; o tronco, contudo, freqüentemente é um símbolo fálico. Desse modo, a árvore abarca traços femininos e masculinos. Liga não só a terra e o céu, mas também o homem e a mulher.

Na árvore de Natal, alguns desses traços da simbologia geral têm sua importância. Em primeiro lugar, a ligação existente entre a terra e o céu: no Natal, Deus aboliu a fronteira existente entre o céu e a terra, o céu apareceu visivelmente na terra. Também a imagem da árvore cortada que brota novamente teve, com certeza, sua influência sobre a árvore de Natal. Representa visivelmente as promessas do livro do profeta Isaías, que lemos no Advento: da cepa de Jessé brotará uma rama... Justamente no ponto em que fracassei, em que algo dentro de mim foi cortado, em que um caminho foi obstruído, o nascimento de Cristo me dá a certeza de que algo novo está brotando dentro de mim, de que algo novo está crescendo em mim, de algo que será mais autêntico e mais belo. A árvore de Natal é uma imagem da fé em que, por meio do nascimento de Cristo, a vida dentro de nós é para sempre vitoriosa e não pode ser sufocada.

24

Lembro muito bem de como eu e meus irmãos, quando éramos crianças, esperávamos o momento de trocar os presentes na véspera do Natal do Menino Jesus. Havia uma tensão estranha. Primeiro fazíamos um passeio com meu pai, no escuro, e olhávamos as casas iluminadas. Depois, ficávamos no andar superior, nos quartos, até que o sino de Natal nos chamasse. Era uma vivência misteriosa entrar na sala iluminada somente por velas. Tais experiências da infância ficam profundamente registradas na alma. Posteriormente, temos uma sensação de aconchego quando ativamos essas lembranças do passado. Creio que toda expectativa tem um quê de espera natalina, um vislumbre de que nossa vida se tornará sempre mais iluminada com a chegada de uma pessoa ou de um acontecimento.

25

Permita que os anjos natalinos o introduzam na leveza do ser, na alegria de viver. Permita que lhe digam que Deus tem prazer em você. É possível que você crie asas e se levante sobre a triste realidade, de modo que o céu se abra acima de você. Entre tantos anjos projetados nas imagens natalinas, certamente haverá um destinado a você para lhe anunciar a grande alegria de que nasceu para você o Salvador.

26

Se todas as épocas são iguais, nenhuma tem sentido. Quando o domingo se torna dia útil, acaba com os dias úteis, o cotidiano se torna vazio e deserto e perde seu sentido. O sentimento da falta de sentido, muito difundido em nossos dias, com certeza nasce em parte do fato de que já não sabemos celebrar festas destacadas do tempo comum, aquelas que irrompem algo de grandioso e nos permitem vislumbrar o sentido de toda a vida, porque fomos tocados por Deus. A festa derrama sua luz sobre o restante do tempo, e este ganha uma qualidade diferente.

Muitas vezes, escutamos este argumento: não posso sentir algo, não posso ficar alegre somente porque o calendário diz que é Natal. Também não é preciso que forjemos, artificialmente, na época de Natal, um sentimento de alegria. Em vez disso, o que devemos fazer é nos abrir para um mistério que não depende de nós, nos abrirmos para a festa do jeito como estamos nos sentindo naquele momento. O resultado disso não depende de nós, mas nos faz bem, em todo o caso, enfrentar o clima de festa. Sem isso, vivemos a esmo e cultivamos nosso tédio e nossa falta de sentido, sem sequer entender esses sentimentos. A festa pode ser um espelho no qual nos olhamos. E se, porventura, o Natal nos fizer descobrir a nossa profunda solidão, também isso terá seu sentido. Em todo o caso, é melhor que a confrontação com a festa nos aproxime da raiz de nossa solidão do que viver evitando-a. A cura brota a partir da raiz.

27

As imagens natalinas tocam os fundamentos de nossa existência e nos aproximam das raízes de nosso ser. Conduzem nosso olhar para épocas distantes, profundamente gravadas em nossa alma. Essas imagens nos colocam em contato com medos e anseios pessoais e emergem do inconsciente coletivo que ainda hoje influencia nossa vida, mesmo que acreditemos que estejamos lidando somente com nossos problemas atuais. Nossa alma quer ser curada em suas raízes por meio das imagens arquetípicas. É um mergulho no banho curador do poder divino da salvação, que nessas imagens vem até nós.

28

Nas semanas antes da virada do ano, é muito sensato meditar, por meio de todas essas imagens, sobre quem somos verdadeiramente, de onde viemos, qual é o sentido de nossa vida, o que nos ameaça e o que nos cura, o que nos causa medo e o que nos dá confiança na existência. Sempre que começamos um novo ano e confiamos que nossa vida se tornará nova e melhor, voltamo-nos, por meio de imagens das festas natalinas, para o fundamento primevo de nossa vida, para que esta seja renovada desde as profundezas e jorre dentro de nós, novamente, a fonte da qual sempre podemos beber porque, vindo de Deus, jorra para dentro de nós. O novo começo só dará certo quando se iniciar nas profundidades e forem consideradas todas as áreas de nosso corpo e de nossa alma, os abismos interiores, o saber pagão sobre demônios, os padrões de pensamento mágicos, os medos e os anseios primevos. Sem mergulhar nas profundezas não há renovação de nossa vida.

29

Temos a necessidade de encerrar o ano velho não somente com champanhe e fogos de artifício, mas também com a realização de um balanço diante de Deus sobre os ganhos do ano que passou e o que se desenvolveu nele. É importante fazer o ano velho desfilar diante do nosso olhar interior para agradecer a Deus por tudo o que deu certo e que nos foi dado, além de apresentar a Ele o imperfeito e a culpa para que sejam acolhidos em sua misericórdia. Quando olhamos, diante de Deus, as coisas passadas, elas não desfilam simplesmente na nossa frente, mas se tornam uma parte de nós, como um anel anual que cresceu em nossa árvore. Sentimos o que cresceu em nós, a que ponto Deus nos conduziu e nosso anjo da guarda nos acompanhou.

Ao meditarmos sobre o ano que passou, aproximamo-nos do mistério de nossa própria vida. Ao contemplarmos os resultados concretos, sentimos quem somos verdadeiramente e o que é parte essencial de nós.

30

Você comemora a virada do ano. Dentro de você também acontece uma virada; algo está mudando. Você mesmo está mudando. E confia que algo mude para melhor, que Deus afaste de você o que lhe foi difícil no ano e em que ele se volte para você para que o Ano-Novo seja melhor. Acredite que a mão bondosa de Deus o carregará e o conduzirá no Ano-Novo. Que Deus se voltará para você e transformará, desembaraçará, desemaranhará todo emaranhado que atrapalha o fluxo de sua vida. Volte-se para si mesmo e confie no processo de mudança que opera em você: no Novo-Ano, você mudará. Crescerá sempre mais para o centro da imagem original que Deus fez de você. Assim, viverá com coerência e autenticidade.

31

Quando estamos presentes por inteiro no momento atual, passado e futuro coincidem. Ao ficarmos em silêncio, vivemos totalmente no momento presente. Assim, surge um vislumbre da união entre tempo e eternidade. Esse é o mistério mais profundo do nosso tempo: a própria eternidade irrompe em nosso tempo, no momento presente; o caráter fugaz do tempo é abolido, o tempo parece parar. Assim, vislumbramos a união do céu e da terra, do tempo e da eternidade, de Deus e do ser humano.

O místico e poeta Angelus Silesius deu a essa experiência uma expressão inesquecível:

Tempo é como eternidade, e eternidade, como tempo,
Desde que tu mesmo não estabeleças uma diferença.
Eu mesmo sou eternidade quando deixo o tempo
E me reúno em Deus e Deus em mim.

Bibliografia

Outras obras de Anselm Grün utilizadas na compilação deste livro:

50 Engel für das Jahr. Herder, 1997 (= Jahr).
50 Engel für die Seele. Herder, 2000. [Ed. bras.: *Cinqüenta anjos para a alma.* São Paulo, Loyola, 2002] (= Seele).
Der Anspruch des Schweigens Münsterschwarzacher Kleinschriften (11). Vier-Türme-Verlag Münsterschwarzach, 1984. [Ed. bras.: *As exigências do silêncio.* Petrópolis, Vozes, 2004.](= Schweigen)
Auf dem Wege. Münsterschwarzacher Kleinschriften (22), Vier-Türme-Verlag Münsterschwarzach, 1983 (= Wege).
Benedikt von Nursia. Münsterschwarzacher Kleinschriften (7), Vier-Türme-Verlag Münsterschwarzach, 1979. [Ed. bras.: *Bento de Núrsia*: sua mensagem hoje. Aparecida, Idéias e Letras, 2006.] (= Benedikt).
Bilder von Verwandlung. Münsterschwarzacher Kleinschriften (71), Vier-Türme-Verlag Münsterschwarzach, 1993 (= Bilder).
Chorgebet und Kontemplation. Münsterschwarzacher Kleinschriften (50), Vier-Türme-Verlag Münsterschwarzach, 1989 (= Chorgebet).
Dimensionen des Glaubens. Münsterschwarzacher Kleinschriften (39), Vier-Türme-Verlag Münsterschwarzach, 1997. [Ed. bras.: *Dimensões da fé.* Petrópolis, Vozes, 2005.] (= Dimensionen).
Einreden. Münsterschwarzacher Kleinschriften (10), Vier-Türme-Verlag Münsterschwarzach, 1983 (= Einreden).
Exerzitien für den Alltag. 4. Aufl. Münsterschwarzacher Kleinschriften (106), Vier-Türme-Verlag Münsterschwarzach, 1998 (= Exerzitien).
Fasten. Münsterschwarzacher Kleinschriften (23), Vier-Türme-Verlag Münsterschwarzach, 1984 (= Fasten).

Gebet als Begegnung. 4. Aufl. Münsterschwarzacher Kleinschriften (60), Vier-Türme-Verlag Münsterschwarzach, 1994. [Ed. bras.: *A oração como encontro*. Petrópolis, Vozes, 2001.] (= Gebet).

Gebet und Selbsterkenntnis. 7. Aufl. Münsterschwarzacher Kleinschriften (1), Vier-Türme-Verlag Münsterschwarzach, 1994. [Ed. bras.: *Oração e autoconhecimento*. Petrópolis, Vozes, 2004.] (= Selbsterkenntnis)

Glauben als Umdeuten. Münsterschwarzacher Kleinschriften (32), Vier-Türme-Verlag Münsterschwarzach, 1986 (= Glauben).

Herzensruhe. Herder, 1998 (= Herzensruhe).

Jeder Mensch hat einen Engel. Herder, 1999. [Ed. bras.: *Cada pessoa tem um anjo*. Petrópolis, Vozes, 2000.] (= Mensch).

Leben aus dem Tod. Münsterschwarzacher Kleinschriften (92), Vier-Türme-Verlag Münsterschwarzach, 1995 (= Tod).

Lebensmitte als geistliche Aufgabe. Münsterschwarzacher Kleinschriften (13), Vier-Türme-Verlag Münsterschwarzach (= Lebensmitte).

Träume auf dem geistlichen Weg. Münsterschwarzacher Kleinschriften (52), Vier-Türme-Verlag Münsterschwarzach, 1998 (= Träume).

Der Umgang mit dem Bösen. Münsterschwarzacher Kleinschriften (6), Vier-Türme-Verlag Münsterschwarzach, 1979. [Ed. bras.: *Convivendo com o mal*: a luta contra os demônios no monaquismo antigo. Petrópolis, Vozes, 2003.] (= Böses).

Vergib dir selbst. Münsterschwarzacher Kleinschriften (120), Vier-Türme-Verlag Münsterschwarzach, 1999. [Ed. bras.: *Perdoa a ti mesmo*. Petrópolis, Vozes, 2005.] (= Vergib).

Wege zur Freiheit. Münsterschwarzacher Kleinschriften

(102), Vier-Türme-Verlag Münsterschwarzach, 1996. [Ed. bras.: *Caminhos para a liberdade*: vida espiritual como exercício para a liberdade interior. Petrópolis, Vozes, 2005.] (= Freiheit).

Weihnachten – Einen neuen Anfang feiern. Herder, 1999. [Ed. bras.: *Natal: celebrar um novo começo* – festa entre os tempos. São Paulo, Loyola, 2003.] (= Weihnachten).

Zerrissenheit. Münsterschwarzacher Kleinschriften (114), Vier-Türme-Verlag Münsterschwarzach, 1999. [Ed. bras.: *O ser fragmentado*: da cisão à integração. Aparecida, Idéias & Letras, 2004.] (= Zerrissenheit).

Com DUFNER, Meinrad. *Gesundheit als geistliche Aufgabe.* 6. Aufl. Münsterschwarzacher Kleinschriften (57), Vier-Türme-Verlag Münsterschwarzach, 1994 (= Gesundheit).

Com DUFNER, Meinrad. *Spiritualität von unten.* 2. Aufl. Münsterschwarzacher Kleinschriften (82), Vier-Türme-Verlag Münsterschwarzach, 1994. [Ed. bras.: *Espiritualidade a partir de si mesmo.* Petrópolis, Vozes, 2004.] (= Spiritualität).

Com REEPEN, Michael. *Heilendes Kirchenjahr.* 6. Aufl. Münsterschwarzacher Kleinschriften (29), Vier-Türme-Verlag Münsterschwarzach, 1995 (= Kirchenjahr).

Com RUPPERT, Fidelis. *Bete und arbeite.* Münsterschwarzacher Kleinschriften (17), Vier-Türme-Verlag Münsterschwarzach, 1993. [Ed. bras.: *Orar e trabalhar.* Petrópolis, Vozes, 2005.] (= Bete).

Com DUFNER, Fidelis. *Christus im Bruder.* Münsterschwarzacher Kleinschriften (3), Vier-Türme-Verlag Münsterschwarzach, 1979 (= Christus).

Com SEUFERLING, Alois. *Benediktinische Schöpfungsspiritualität.* Münsterschwarzacher Kleinschriften (100), Vier-Türme-Verlag Münsterschwarzach, 1996 (= Schöpfung).

Janeiro

1º: Weihnachten, 128; 2: Jahr, 131; 3: Weihnachten, 129; 4: Jahr, 65s; 5: Tod, 15s; 6: Träume, 19; 7: Weihnachten, 136; 8: Träume, 18; 9: Weihnachten, 134; 10: Jahr, 25; 11: Mensch, 107; 12: Jahr, 85; 13: Schweigen, 42; 14: Zerrissenheit, 46; 15: Weihnachten, 63; 16: Jahr, 47; 17: Jahr, 25; 18: Lebensmitte, 27; 19: Jahr, 131s; 20: Jahr, 132; 21: Einreden, 31s; 22: Vergib, 69s; 23: Jahr, 114s; 24: Jahr, 119s; 25: Mensch, 153s; 26: Jahr, 121; 27: Weihnachten, 92; 28: Jahr, 10; 29: Jahr, 90; 30: Jahr, 91; 31: Jahr, 48.

Fevereiro

1º: Tod, 81s; 2: Freiheit, 24; 3: Jahr, 64; 4: Vergib, 99; 5: Zerrissenheit, 95; 6: Selbsterkenntnis, 10; 7: Gesundheit, 13; 8: Jahr, 39; 9: Jahr, 52; 10: Dimensionen, 60; 11: Mensch, 128; 12: Jahr, 56; 13: Träume, 65; 14: Träume, 35-36; 15: Jahr, 155s; 16: Herzensruhe, 121s; 17: Herzensruhe, 114; 18: Herzensruhe, 82; 19: Freiheit, 8s; 20: Gesundheit, 16; 21: Herzensruhe, 118; 22: Einreden, 22; 23: Jahr, 70s; 24: Jahr, 16; 25: Gesundheit, 73s; 26: Jahr, 104; 27: Jahr, 21; 28: Zerrissenheit, 57; 29: Jahr, 138s.

Março

1º: Herzensruhe, 147; 2: Herzensruhe, 121; 3: Spiritualität, 81; 4: Dimensionen, 22; 5: Freiheit, 87; 6: Dimensionen, 23; 7: Dimensionen, 23s; 8: Dimensionen, 24s; 9: Selbsterkenntnis, 38; 10: Einreden, 53s; 11: Einreden, 53; 12: Gesundheit, 59; 13: Gesundheit, 34; 14: Gesundheit, 17; 15: Mensch, 129s; 16: Glauben, 43s; 17: Vergib, 100;18: Vergib, 7; 19: Zerrissenheit, 77s; 20: Vergib, 35s; 21: Vergib, 33s; 22: Seele; 23: Vergib, 34s; 24: Vergib, 43; 25: Vergib, 36s; 26: Vergib, 39; 27: Böses, 70; 28: Glauben, 50; 29: Jahr, 15; 30: Mensch, 40s; 31: Jahr, 96.

Abril

1º: Zerrissenheit, 16s; 2: Jahr, 116s; 3: Herzensruhe, 138; 4: Fasten, 65s; 5: Seele; 6: Fasten, 57; 7: Herzensruhe, 141s; 8: Herzensruhe, 138s; 9: Jahr, 33; 10: Seele; 11: Freiheit, 85; 12: Gesundheit, 43; 13: Fasten, 64s; 14: Jahr, 23; 15: Fasten, 18; 16: Seele; 17: Fasten, 18s; 18: Freiheit, 83s; 19: Fasten, 16s; 20: Seele; 21: Kirchenjahr, 43s; 22: Tod, 99s; 23: Dimensionen, 47; 24: Tod, 13s; 25: Bilder, 22; 26: Lebensmitte, 30s; 27: Jahr, 71; 28: Einreden, 35s; 29: Mensch, 146; 30: Mensch, 148.

Maio

1º: Jahr, 30; 2: Seele; 3: Zerrissenheit, 62s; 4: Freiheit, 47; 5: Jahr, 74s; 6: Jahr, 40; 7: Jahr, 150; 8: Zerrissenheit, 102s; 9: Jahr, 18; 10: Freiheit, 17; 11: Jahr, 149; 12: Jahr, 109; 13: Jahr, 14; 14: Seele; 15: Jahr, 106; 16: Glauben, 37s; 17: Glauben, 41; 18: Glauben, 62s; 19: Jahr, 12; 20: Jahr, 13; 21: Jahr, 59; 22: Jahr, 100s; 23: Jahr, 106; 24: Weihnachten, 119; 25: Weihnachten, 64; 26: Freiheit, 97; 27: Freiheit, 91s; 28: Glauben, 51; 29: Glauben, 50; 30: Weihnachten, 116; 31: Jahr, 14.

Junho

1º: Herzensruhe, 19s; 2: Herzensruhe, 42; 3: Herzensruhe, 22; 4: Zerrissenheit, 7; 5: Zerrissenheit, 8; 6: Freiheit, 41; 7: Herzensruhe, 126; 8: Herzensruhe, 32; 9: Glauben, 42s; 10: Herzensruhe, 56; 11: Kirchenjahr, 67s; 12: Jahr, 32; 13: Bete, 68s; 14: Tod, 10s; 15: Herzensruhe, 59; 16: Seele; 17: Glauben, 26s; 18: Gesundheit, 87 e 49; 19: Glauben, 49; 20: Einreden, 20; 21: Jahr, 144s; 22: Glauben, 43; 23: Glauben, 61s; 24: Glauben, 16s; 25: Benedikt, 24s; 26: Gesundheit, 45; 27: Gesundheit, 45; 28: Herzensruhe, 134s; 29: Herzensruhe, 112; 30: Herzensruhe, 71.

Julho

1º: Jahr, 113; 2: Herzensruhe, 7; 3: Herzensruhe, 11s; 4: Freiheit, 25; 5: Jahr, 26; 6: Weihnachten, 14; 7: Träume, 44; 8: Wege, 24; 9: Wege, 30; 10: Wege, 65s; 11: Träume, 44; 12: Herzensruhe, 131s; 13: Herzensruhe, 141; 14: Herzensruhe, 91; 15: Jahr, 114; 16: Herzensruhe, 108s; 17: Herzensruhe, 109; 18: Jahr, 48; 19: Freiheit, 66s; 20: Herzensruhe, 126; 21: Herzensruhe, 113; 22: Weihnachten, 27; 23: Herzensruhe, 150; 24: Herzensruhe, 149s; 25: Gesundheit, 43; 26: Gesundheit, 41s; 27: Gesundheit, 40; 28: Gesundheit, 41; 29: Gesundheit, 47s; 30: Gesundheit, 46s; 31: Herzensruhe, 148.

Agosto

1º: Seele; 2: Seele; 3: Kirchenjahr, 18s; 4: Schöpfung, 19s; 5: Herzensruhe, 20; 6: Herzensruhe, 26s; 7: Jahr, 113; 8: Jahr, 36; 9: Herzensruhe, 115; 10: Wege, 23; 11: Wege, 22s; 12: Wege, 23; 13: Herzensruhe, 149; 14: Herzensruhe, 114; 15: Selbsterkenntnis, 15; 16: Weihnachten, 21; 17: Weihnachten, 21s; 18: Seele; 19: Freiheit, 29; 20: Zerrissenheit, 61s; 21: Zerrissenheit, 91; 22: Chorgebet, 27; 23: Glauben, 29; 24: Schweigen, 15; 25: Herzensruhe, 119; 26: Selbsterkenntnis, 19; 27: Selbsterkenntnis, 11; 28: Selbsterkenntnis, 19; 29: Selbsterkenntnis, 16; 30: Vergib, 49; 31: Schweigen, 19.

Setembro

1º: Jahr, 43; 2: Jahr, 43; 3: Jahr, 74; 4: Jahr, 120; 5: Herzensruhe, 135; 6: Einreden, 30s; 7: Herzensruhe, 135s; 8: Schöpfung, 73s; 9: Herzensruhe, 137; 10: Herzensruhe, 103; 11: Seele; 12: Jahr, 155; 13: Seele; 14: Seele; 15: Träume, 7; 16: Gesundheit, 61; 17: Gesundheit, 60s; 18: Gesundheit, 41s; 19: Gesundheit, 66s; 20: Gesundheit, 39s; 21: Lebensmitte, 8; 22: Jahr, 122; 23: Gesundheit, 70; 24: Träume, 29s; 25: Träume, 9; 26: Träume, 21s; 27: Träume, 41; 28: Gebet, 12; 29: Gebet, 13; 30: Seele.

Outubro

1º: Zerrissenheit, 104; 2: Freiheit, 97s; 3: Jahr, 52ss; 4: Seele; 5: Seele; 6: Seele; 7: Seele; 8: Seele; 9: Schweigen, 22; 10: Vergib, 38; 11: Vergib, 25; 12: Vergib, 29s; 13: Seele; 14: Vergib, 47; 15: Schweigen, 22s; 16: Schweigen, 21s; 17: Schweigen, 33; 18: Schweigen, 23s; 19: Schweigen, 35; 20: Schweigen, 16; 21: Zerrissenheit, 53; 22: Vergib, 9; 23: Mensch, 57; 24: Seele; 25: Jahr, 147s; 26: Dimensionen, 65s; 27: Glauben, 48; 28: Christus, 44s; 29: Selbsterkenntnis, 23s; 30: Seele; 31: Jahr, 68s.

Novembro

1º: Lebensmitte, 39s; 2: Tod, 16s; 3: Tod, 9s; 4: Jahr, 85s; 5: Dimensionen, 32; 6: Tod, 31; 7: Jahr, 84; 8: Lebensmitte, 50; 9: Tod, 18s; 10: Tod, 96; 11: Jahr, 104; 12: Lebensmitte, 50s; 13: Lebensmitte, 51; 14: Tod, 60s; 15: Tod, 56; 16: Selbsterkenntnis, 26s; 17: Gesundheit, 68s; 18: Tod, 55s; 19: Jahr, 140s; 20: Selbsterkenntnis, 35; 21: Seele; 22: Selbsterkenntnis, 38s; 23: Einreden, 21; 24: Selbsterkenntnis, 37; 25: Mensch, 152; 26: Mensch, 151; 27: Tod, 97; 28: Tod, 17s; 29: Exerzitien, 50s; 30: Jahr, 32.

Dezembro

1º: Weihnachten, 22; 2: Weihnachten, 20s; 3: Weihnachten, 42s; 4: Weihnachten, 34; 5: Weihnachten, 16s; 6: Weihnachten, 37s; 7: Träume, 15s; 8: Weihnachten, 18; 9: Weihnachten, 17; 10: Weihnachten, 45; 11: Weihnachten, 51; 12: Weihnachten, 52; 13: Weihnachten, 24s; 14: Weihnachten, 53; 15: Weihnachten, 54s; 16: Weihnachten, 33; 17: Weihnachten, 130s; 18: Weihnachten, 104; 19: Böses, 63; 20: Weihnachten, 103s; 21: Weihnachten, 7; 22: Weihnachten, 61; 23: Weihnachten, 100s; 24: Weihnachten, 18s; 25: Weihnachten, 93; 26: Kirchenjahr, 20; 27: Weihnachten, 158; 28: Weihnachten, 158s; 29: Weihnachten, 124; 30: Weihnachten, 126; 31: Weihnachten, 125s.